La France, son avenir

Patricia TARDIF-PERROUX

La France, son avenir

Livre 3

Au défi de la mondialisation !

L'Harmattan

© L'Harmattan, 2013
5-7, rue de l'École-Polytechnique ; 75005 Paris

http://www.librairieharmattan.com
diffusion.harmattan@wanadoo.fr
harmattan1@wanadoo.fr

ISBN : 978-2-336-29374-5

EAN : 9782336293745

PRÉSENTATION DES TROIS LIVRES

Comprendre ce qui singularise la France et la transforme, connaître ses forces et ses faiblesses au regard des enjeux internationaux, telle est l'ambition du présent ouvrage, composé de trois livres complémentaires. Puisse cet ouvrage apporter un socle commun de connaissances de notre nation.

LIVRE 1 — La France dans le monde

La croissance des pays émergents n'implique pas *de facto* l'effondrement des puissances actuelles, mais entraîne une nouvelle configuration dans laquelle la France a toute sa part. Sa position internationale politique, culturelle et économique sera analysée au regard de son attractivité et de sa compétitivité. La France dispose d'atouts considérables qu'elle doit valoriser par une politique ambitieuse et une confiance en l'avenir.

LIVRE 2 — Ses dynamiques de changement

D'importants changements transforment la France, sa structure démographique, urbaine et économique. Métropolisation et vieillissement de la population, tertiarisation et désindustrialisation, financiarisation et concentration démentent son prétendu immobilisme. Ses dynamiques territoriales la redessinent continûment et montrent une France en profonde mutation.

LIVRE 3 — Au défi de la mondialisation !

Le défi est d'abord économique, il est celui de la compétitivité. Dans un monde multipolaire, la France doit, pour conserver son rang parmi les démocraties influentes les plus riches, renforcer son pilier économique en cette période déterminante pour son avenir. L'enseignement supérieur, la recherche, l'innovation et la créativité sont ses atouts maîtres pour y parvenir.

SOMMAIRE

INTRODUCTION

LE POUVOIR des nations se mesure chaque jour davantage à leur économie. Si la France figure en tête des classements mondiaux pour la qualité de vie, elle ne pourra y demeurer sans une croissance économique plus vigoureuse.

Dans un monde multipolaire, la France, patrie des droits de l'Homme, caractérisée par son goût pour le grandiose et le monde des idées, doit, pour conserver son rang parmi les démocraties influentes les plus riches, renforcer son pilier économique et relever le défi de la compétitivité, source de croissance et d'influence.

Or, la dégradation de ses parts de marché dans le commerce mondial alerte. En 1980, la France arrivait parmi les pays les plus compétitifs du monde. En 2011, elle se situe au 18e rang mondial et, depuis 2000, son produit intérieur brut (PIB) progresse moins vite que dans la plupart des pays développés.

La demande se déplaçant en Asie et vers les pays émergents – la classe moyenne chinoise compte déjà plus de 300 millions de personnes et va doubler d'ici à 2030 –, les facteurs productifs et les capitaux vont y affluer. Si cela constitue un risque, c'est aussi une opportunité à saisir.

La France se situe à une période charnière. Elle doit investir dans son industrie et dans une économie de la connaissance, et préserver sa qualité de vie. La formation, la recherche, l'innovation et la créativité sont ses atouts maîtres.

Sauf mention contraire, tous les montants sont exprimés en euros.

CHAPITRE I

Les moteurs de la croissance :
recherche, innovation, créativité

L'INTERNATIONALISATION des économies oblige les pays développés à opérer un saut technologique et qualitatif. La recherche, l'innovation et la créativité, qui supposent d'investir et de disposer d'une population qualifiée, sont les principaux leviers de croissance pouvant doter la France d'une économie de la connaissance et d'une industrie compétitive.

1. L'INNOVATION ET LA CRÉATIVITÉ : DES ACTIFS STRATÉGIQUES

La croissance est corrélée à la compétitivité. Deux indicateurs mesurent cette dernière. Le premier est l'indice de compétitivité établi par le Forum économique mondial de Davos. Dans le classement de 2012-2013, la France sort du top 20 ; elle se positionne à la 21e place. Le second indicateur correspond à la part de marché dans les exportations mondiales. Celle de la France a chuté d'un tiers depuis 2000, un repli plus important que pour les autres pays développés. La France connaît donc une perte de compétitivité significative. L'innovation et la créativité sont les moyens principaux d'y remédier.

Une compétitivité hors prix indispensable

L'économie française présente des avantages comparatifs peu marqués qui la rendent plus sensible à l'appréciation de l'euro et à la concurrence internationale, notamment des pays émergents. Lors de la dernière décennie, deux secteurs (l'habillement-textile et l'ameublement) ont dû s'adapter. L'ajustement fut brutal et sévère[1].

Afin de maintenir sa compétitivité-prix[2], la France a mené durant les années 1990 une politique de compression de ses coûts salariaux unitaires. Mais, à partir de 2000, l'Allemagne, son principal partenaire et concurrent, conduira la même politique, de façon plus soutenue. Pour compenser, les entreprises françaises ont abaissé leurs marges, grevant ainsi leur profitabilité, donc leur potentiel d'investissement et d'innovation. Cette stratégie de compétitivité-prix défensive adoptée assez tôt par la France a enclenché en Europe une spirale de désinflation compétitive qui modère la hausse des salaires. Elle s'avère préjudiciable à plusieurs titres : elle n'est, à long terme, pas soutenable au regard de l'offre beaucoup plus compétitive sur les prix des pays à bas coûts ; elle contracte les demandes intérieures, les marges et les profits, et freine l'investissement.

En se focalisant sur la compétitivité-coût, pour ne pas dire en se livrant une véritable concurrence, les États membres de l'Union européenne (UE) se détournent de la compétitivité hors prix[3], qui est leur avantage comparatif. En somme, l'UE sera perdante au « jeu » international de la compétitivité-prix sans s'être donné les moyens d'agir sur la compétitivité hors prix.

La progression rapide des pays émergents dans le commerce mondial devrait inciter les États membres de l'UE à mener en partenariat une politique de compétitivité hors prix. Ils auraient

1. L'ameublement a perdu un quart de ses effectifs entre 2002 et 2006, le textile-habillement 70 % depuis 1990, la filière bois 40 % et la chimie 36 % depuis 2000.
2. La compétitivité-prix inclut la compétitivité-coût (rapport entre les coûts de production des produits nationaux, dont les coûts salariaux unitaires, et ceux de la concurrence) ainsi que les taux de marge et de change.
3. La compétitivité hors prix dépend de la valeur ajoutée liée au produit. Elle comprend ainsi le degré d'innovation, technologique, l'image de marque, la qualité et l'accompagnement commercial.

tout à gagner, à moyen et long terme, d'une coopération et d'une coordination renforcées de leurs politiques économiques, fiscales et sociales.

La vigueur de l'euro n'explique que partiellement la perte de compétitivité de l'économie française puisque la moitié de son commerce extérieur s'effectue avec les pays de la zone euro. Ses principaux concurrents sont d'abord européens.

Le tissu productif français reste marqué par la période des Trente Glorieuses, durant laquelle il s'agissait de reconstruire et d'équiper en biens et services une nation en plein boom démographique. À présent, les besoins s'expriment davantage en termes de qualité, de nouveauté, de haute technologie et d'image.

Les innovations radicales ainsi que l'appropriation rapide des nouvelles technologiques procurent un avantage compétitif décisif et durable. Depuis trente ans, quatre domaines d'innovation ont eu des effets d'entraînement sur l'économie mondiale qui se poursuivent encore et se chevauchent : les technologies de l'information et de la communication (TIC) à partir des années 1980, les biotechnologies à partir des années 2000, les technologies de sécurité à partir de 2002 et les écotechnologies à partir de 2006.

Pour les pays en développement, l'investissement et l'imitation sont les principaux vecteurs de croissance. Pour les pays développés, ce sont l'innovation[4] et la créativité[5]. Les innovations radicales peuvent ouvrir de nouveaux marchés, donner une nouvelle impulsion économique. Elles sont à l'origine du processus schumpétérien de « destruction-créatrice » qui modernise l'économie par la destruction des activités en déclin et la création d'autres activités.

Les innovations radicales résultent d'un système non linéaire, complexe et non garanti dont le point de départ est souvent la recherche fondamentale.

4. Une innovation correspond à l'application réussie (en termes commerciaux) d'une idée nouvelle (ou invention brevetable). Elle peut être technologique, organisationnelle ou commerciale. Les innovations radicales sont dites « de rupture » car elles créent une rupture technologique en faisant apparaître de nouveaux produits et services, contrairement aux innovations dites « incrémentales » qui apportent une amélioration à ce qui existe déjà.

5. La créativité inclut le design (une activité relevant à la fois du stylistique et du fonctionnel), l'architecture, la conception, le marketing, la publicité, la mode et les médias.

Recherche fondamentale / Découverte (publication) ⟹ Recherche appliquée / Invention (brevet) ⟹ Prototype ⟹ Innovation

Les avancées de la connaissance scientifique créent des opportunités technologiques pour les entreprises. À titre d'exemple, la théorie de la relativité restreinte d'Albert Einstein ($E = mc^2$, « une toute petite masse peut se transformer en une énorme énergie ») ouvrira la voie quelque quarante ans plus tard à l'une des plus importantes innovations : les centrales nucléaires, dont la première fut mise en service en 1951 aux États-Unis. Puis, à la suite d'autres découvertes scientifiques, les premiers développements en imagerie par résonance magnétique (IRM) ont pu débuter en 1973. Aujourd'hui, l'IRM est devenue une technique majeure de l'imagerie médicale encore appelée à de nouvelles applications comme celle de l'IRMf (*f* pour fonctionnelle)[6].

L'innovation seule ne suffit pas. La créativité en est un complément indispensable. Ce qui différencie les produits réside dans leur accompagnement : fonctionnalité, esthétisme (design), notoriété, marketing et packaging. Ces éléments distinctifs sont nécessaires, car le commerce international est en grande partie intrabranche (échanges de produits similaires) et les consommateurs apprécient le fait de pouvoir choisir dans une gamme diversifiée de produits.

La créativité est capable de relancer une branche d'activité en déclin. Tel fut le cas de la fourrure. Bien que décriée dans les années 1980 et 1990, elle revint en force au début des années 2000 grâce à une collaboration, tout au long de la chaîne de valeur, de chercheurs, d'industriels, d'artisans, de créateurs et de marketeurs. Ce processus interdisciplinaire et mental doit être encouragé dès l'école primaire, car un esprit créatif est capable de remettre en question les acquis pour trouver des voies nouvelles en liant l'imaginaire à la pratique.

---

6. L'IRMf permet d'étudier le cerveau en action. En 2010, des personnes en état végétatif sans déficience neurologique ont pu communiquer avec deux équipes de chercheurs des universités de Cambridge et de Liège en modulant leur activité cérébrale. Un patient âgé de 29 ans en état végétatif depuis cinq ans suite à un traumatisme crânien a toujours apporté des réponses justes aux questions posées.

Les nouveaux capitaux : les droits de la propriété intellectuelle

Il y a de cela vingt ans, les actifs stratégiques des entreprises étaient les immobilisations corporelles, notamment l'outil de production. De nos jours, les actifs sont pour partie immatériels. Ce sont les droits de la propriété intellectuelle (DPI)[7].

Les brevets[8] constituent donc les capitaux d'aujourd'hui et la croissance de demain. Ils sont à la fois un *output* de la R&D et un *input* de l'innovation. Dès lors, ils sont des indicateurs incomplets de la capacité d'innovation, et ce à plusieurs titres. D'une part, seule la moitié des inventions seraient brevetées, car le coût du dépôt peut être supérieur aux retombées économiques attendues. D'autre part, la valeur des brevets peut différer considérablement. Un brevet triadique[9] sur cinq aurait pour seul objectif de bloquer les concurrents. *In fine*, seuls 5 % des brevets s'avèrent rentables.

Les marques sont également des actifs immatériels importants. La marque est devenue le signe distinctif d'une société, d'un produit, au point que des opérations de fusion-acquisition se réalisent dans le seul but d'en acquérir. Le groupe Nestlé, par exemple, a acquis Perrier en 1992 pour 15,5 Mds de francs et vendu peu après Oasis pour 1,2 Md de francs. Une marque peut représenter jusqu'à 84 % de la valeur d'une firme comme Nike, 80 % pour Google et 77 % pour Prada.

Ces positions sont néanmoins à considérer avec prudence, car les marques, comme tout actif, et peut-être davantage que n'importe quel autre, peuvent rapidement se déprécier, à l'exemple de Perrier que la crise du benzène affecta durablement.

---

7. Brevets, marques, dessins, modèles, logiciels, bases de données, noms commerciaux, enseignes, droits d'auteur et droits voisins.

8. Un brevet est un titre de propriété par lequel le titulaire dispose de l'usage exclusif de son invention pendant vingt ans sur le territoire où le brevet produit ses effets. Ce titre peut être cédé ou transmis par un contrat de licence. Trois critères caractérisent un brevet : la nouveauté, l'inventivité (découverte non innée) et l'application industrielle. Le dépôt s'effectue auprès d'une organisation nationale, européenne ou auprès de l'Organisation mondiale de la propriété intellectuelle (OMPI).

9. Les brevets triadiques mesurent les inventions importantes. Ils sont déposés soit conjointement dans les trois régions de la Triade (UE, États-Unis et Japon) soit par une procédure internationale (PCT) auprès de l'OMPI. Le coût d'enregistrement et de maintenance d'un brevet est estimé à 29 000 $ en Europe, contre 4 000 $ aux États-Unis et au Japon.

Trois exemples illustrent leur place croissante :
– Procter & Gamble. Cette multinationale américaine, l'une des plus importantes du marché grand public dans un secteur confronté à une forte concurrence par les prix, détient un portefeuille de 300 marques, dont 8 leaders mondiales dans leur catégorie, parmi lesquelles Ariel, Duracell, Pampers, Gillette, Lacoste, Oral-B et Puma. Elle a su maintenir ses marques phares et développer de nouveaux produits grâce à ses 27 000 brevets actifs auxquels 5 000 autres s'ajoutent tous les ans. Considérant la recherche et développement (R&D) comme le facteur principal de réussite, elle y investit chaque année 3,5 % de son chiffre d'affaires, emploie 7 500 scientifiques et chercheurs dans 22 centres de recherche, utilise l'innovation ouverte et dispose de juristes au sein d'une division dédiée à la propriété intellectuelle ;
– Technicolor (ex-Thomson). Ce groupe français du secteur de l'électronique, qui détient un portefeuille de 55 000 brevets et en dépose 500 par an, s'est désengagé en 2004 de l'électronique grand public devenue moins rentable. Il s'est ainsi recentré sur l'électronique professionnelle (médias et divertissement) et sur l'activité de gestion de brevets qui emploie 200 salariés et génère les deux tiers des profits du groupe ;
– IBM. Ce leader mondial de logiciels, qui détient un portefeuille de 40 000 brevets, a cédé en 2005 l'ensemble de ses unités de production PC à l'entreprise chinoise Lenovo pour se recentrer sur la gestion de DPI. Souvent accompagnée de la vente de savoir-faire, cette activité lui rapporte 1,5 Md $ par an.

Parce que les DPI sont devenus les actifs stratégiques des entreprises, de nouvelles activités et des intermédiaires spécialisés sont apparus aux États-Unis au début des années 2000, tels les courtiers en technologies, les sociétés ou les agents de gestion de licences et de stratégie de marque, les fonds de brevets et les *patent trolls* qui acquièrent des brevets non pour les utiliser mais pour assigner des entreprises en contrefaçon. En France, quelques sociétés commencent à se créer et des masters spécialisés sont proposés.

Investir pour innover et créer,
notamment dans les TIC et les écotechs

L'économie française ne doit pas demeurer dans les marchés rapidement investis par les pays émergents. Mais les produits français sont positionnés sur le milieu de gamme et la moyenne technologie, et leur accompagnement commercial est critiqué. Y remédier constitue un enjeu économique majeur. Y parvenir implique de faire un peu moins de tout, avec plus de qualité, de technologies et de prestations commerciales efficientes. La croissance dépend de la capacité de développer en permanence de nouveaux produits, procédés et services.

Pour monter en gamme, en degré technologique et commercial, il faut investir. L'investissement est un moyen de multiplier les opportunités technologiques et créatives. Or, en France, c'est moins l'investissement qui tire la croissance depuis le début des années 2000 que la consommation des ménages.

En 2011, la France a néanmoins investi 20 % de son PIB, entreprises, administrations publiques et ménages confondus (au sens de la formation brute de capital fixe, FBCF, équivalent à l'investissement matériel). Si ce taux d'investissement est relativement élevé, il ne signifie pas pour autant une modernisation de l'appareil productif, qui relève des entreprises. *Primo*, la part de ces dernières dans l'investissement national est faible au regard des autres pays de l'Organisation de coopération et de développement économiques (OCDE) ; l'investissement est en France principalement le fait des ménages, notamment dans la construction. *Secundo*, les entreprises françaises investissent moins que la plupart de leurs homologues de la zone euro – leur taux d'investissement (FBCF/VA), de 19 % en 2011, se situe en deçà de la moyenne – et, sur longue période, ce taux se contracte. *Tertio*, lorsqu'elles investissent, ce n'est pas pour accroître leur capacité de production mais pour remplacer leur outil de production. En somme, un déficit d'investissement des entreprises françaises est observé sur une longue période. Ce déficit compromet leur compétitivité.

Mais l'investissement ne se décrète pas. Il dépend en particulier des perspectives de croissance, de la politique d'investissement des grands groupes (plus dynamique à l'étranger que sur le territoire national), des profits attendus et de facteurs financiers, dont la capacité d'autofinancement, qui décident de sa faisabilité. Il peut également s'effectuer au profit de l'investissement financier (ou placement).

L'investissement public ne peut se substituer à l'investissement productif ; son rôle premier étant d'offrir les conditions de la croissance, notamment par la mise en place d'infrastructures et de services collectifs (routes, écoles, énergie, etc.). Les infrastructures numériques sont les autoroutes de demain. La garantie d'un accès à l'internet partout et en permanence est un enjeu essentiel de croissance et de développement.

L'accès au haut débit (26,4 Mbits/s) est, en France, très satisfaisant. Toutefois, afin de développer l'économie numérique et l'offre de services tels la télémédecine et le télétravail[13], l'accès à l'internet à très haut débit (THD, 2Gbits/s *via* la fibre optique) est indispensable. Lancé en 2010, le programme national THD a pour objectif de couvrir 100 % des foyers d'ici à 2025 pour un coût prévisionnel de 40 Mds, dont la moitié pour les zones rurales faiblement peuplées. Ce déploiement, qui s'inscrit dans le cadre de l'Agenda numérique de l'UE, est une priorité gouvernementale. D'autres pays comme l'Allemagne, l'Australie, le Japon et la Corée du Sud ont également adopté un tel plan.

Les TIC[14] constituent un enjeu décisif. Allons droit au but : la France a raté le tournant de l'économie numérique[15] de grande diffusion (PC, écrans plats, GPS, téléphones 3G puis 4G, etc.). Elle ne dispose pas de *majors* ni dans la conception ni dans la

---

13. En France, le télétravail concerne 10 % de la population active en 2012 (1 % dans la fonction publique), contre 13 % en Europe et jusqu'à 25 % aux Pays-Bas et aux États-Unis. Un chiffre toutefois contesté : ce taux pourrait atteindre 17 %.

14. Les TIC comprennent trois types d'activité :
– la production des équipements : le *hardware* (ordinateurs, serveurs et stockage) et le *software* (systèmes d'exploitation). Les terminaux d'accès incluent les téléphones, les PC et les centrales informatiques, sortes d'usines ou de gares qui traitent l'information, la stockent et la renvoient vers un autre point du réseau ;
– la distribution dont le commerce de gros de matériel informatique ;
– les services et les contenus : logiciels, informations numérisées, services informatiques et audiovisuels, etc.

15. L'économie numérique comprend les télécommunications, l'audiovisuel, les logiciels, l'électronique, les services informatiques et les services en ligne.

production de ces équipements grand public. Or, son marché intérieur est vaste et solvable. Il est le 4ᵉ mondial, doté 21 millions d'abonnés à l'internet haut débit et un parc de millions de PC, de logiciels, de téléphones portables (72 M), de tablettes, etc., sans cesse renouvelés.

Cette carence est fort préjudiciable, car ces produits de haute technologie sont massivement importés, et ils creusent considérablement le déficit commercial d'au moins 10 Mds par an. Une sortie nette de liquidités qu'il faut financer. Cette absence constitue un frein l'innovation : un brevet international sur cinq concerne les TIC, équipements, usages, services et contenus confondus. L'électronique et le logiciel embarqués, par exemple, représentent jusqu'à un tiers de la valeur d'un véhicule. L'économie numérique est le principal vecteur de la croissance et de la productivité, elle joue un rôle d'entraînement sur les autres secteurs d'activité.

Quant aux usages, notamment le e-commerce (commerce électronique) et le B2B (*business to business*) entre entreprises, à une politique commerciale offensive les entreprises françaises ont privilégié une politique productive défensive ; elles savent en effet mieux utiliser les TIC pour optimiser leur organisation et comprimer leurs coûts de production que pour vendre et promouvoir leurs produits. En 2011, seules un tiers d'entre elles ont développé un site Web. Renforcer leur présence sur la Toile représente donc une marge de progrès notable en termes de compétitivité.

En revanche, en matière de production de contenus et de services numériques, la France dispose de solides atouts. Son savoir-faire est reconnu dans de multiples applications tels l'e-santé, l'e-formation, la ville durable, les transports « intelligents », la 3D, les jeux vidéo, la simulation numérique et les *serious games*[16]. Elle sait aussi inventer de nouvelles approches du savoir comme l'e-musée. Cependant, hormis Dassault Systèmes, Sopra Group et Cegid Group, il n'existe pas d'éditeurs français d'envergure internationale. Les entreprises étant petites et sous-capitalisées, elles se font racheter par les éditeurs améri-

---

16. Les *serious games* sont apparus aux États-Unis où l'armée et certaines entreprises ont cherché très tôt à préparer leurs recrues au terrain. Le premier exemple français connu est celui du jeu Cyber-Budget du ministère des Finances créé en 2006.

cains, allemands et anglais. La France possède donc une réelle expertise en matière de contenus, mais son tissu est fragile et morcelé.

Le même scénario tend à se reproduire pour les écotechnologies, en particulier pour les énergies renouvelables (ENR). Les éco-entreprises françaises sont peu présentes dans les filières de rupture que sont l'éolien et le solaire[17]. Elles sont en revanche très compétitives sur le socle historique des marchés matures de l'eau, de l'assainissement, de la gestion et du recyclage des déchets. La France ne doit pas rater le tournant de la transition énergétique, car là aussi ce sont les entreprises étrangères qui profiteront d'une forte demande intérieure, soutenue par la réglementation et les finances publiques, *via* des incitations fiscales.

Dans ce domaine aussi, les États-Unis ont su devancer ce marché qui a vu le jour dans la Silicon Valley. En Allemagne, grâce à un cadre législatif avantageux et à un soutien accru à la recherche, les ENR, quasi absentes il y a quinze ans, produisent actuellement 21 % de l'électricité, contre 16 % en France mais 80 % de l'hydraulique.

Hors hydraulique, la France prend du retard vis-à-vis des pays les plus performants. Elle pourrait développer une éco-industrie à partir de ses savoir-faire et de ses potentiels. À titre d'exemple, la France dispose d'atouts significatifs en matière d'énergie marine[18] : vastes territoires maritimes, compétence d'excellence pour l'*offshore* pétrolier, industrie navale haut de gamme et avance technologique pour les hydroliennes. Elle pourrait ainsi lancer de nouvelles filières énergétiques encore peu exploitées. Les pôles de compétitivité Mer Paca et Mer Bretagne sont créés à cet effet.

La France doit s'emparer des technologies du futur : TIC, écotechnologies, nanotechnologies, technologies médicales et bio-

---

17. La France prend du retard. Par exemple, une île solaire de 5 km de diamètre et de 20 m de hauteur de conception suisse sera installée aux Émirats arabes unis.

18. La France a acquis un savoir-faire avec l'usine marémotrice de la Rance mise en service en 1966 (la 2e dans le monde fut construite en 2010 en Corée du Sud) et, plus récemment, la construction de deux parcs d'hydroliennes exploitant les courants marins ou les marées. L'un de ces parcs se situe ente le cap de la Hague et l'île anglo-normande d'Aurigny, là où se trouve l'une de six forces marines mondiales. La France a su développer une technologie capable d'y résister.

technologies. Elle commence à le faire. Elle a su acquérir un avantage comparatif dans les domaines porteurs des nanotechnologies et des biotechnologies et elle affiche une forte spécialisation dans la gestion environnementale qui la place parmi les meilleurs.

2. Recherche, innovation et créativité : quels résultats avec quels moyens ?

La dégradation continue du commerce extérieur de la France depuis quinze ans résulte d'un recul technologique et qualitatif dû à la forte progression de la capacité d'innovation et de la créativité d'un nombre croissant de pays. Trois indicateurs servent d'instruments de mesure de cette capacité d'innovation – les brevets, les marques et le design (dessins et modèles) – auxquels s'ajoutent les publications scientifiques qui sont un indicateur de résultats de la recherche fondamentale.

Un écart entre les résultats de la recherche et la capacité d'innovation

L'innovation et la créativité sont des leviers de croissance. La Chine arrive au 1er ou au 2e rang mondial en termes de DPI (voir tableau *infra*), mais ses découvertes scientifiques et ses inventions sont encore incrémentales. La plus forte progression sur les dix dernières années est enregistrée par la Corée du Sud.

Comparer les résultats de la France (65 millions d'habitants) à ceux des États-Unis (300 millions d'habitants) ou de la Chine (1,3 milliard d'habitants) en valeur absolue est peu pertinent au regard des populations respectives. En termes d'intensité (résultats rapportés à la population), en revanche, la comparaison est pertinente. La France est bien placée au niveau mondial puisqu'elle fournit 5 % des brevets, des marques, des modèles, des dessins et des publications scientifiques avec 1 % seulement de la population. La Suisse est cependant le pays le plus inventif, devant le Japon ; le Luxembourg le plus créatif, devant la Suisse et Israël.

Regarder sans cesse derrière soi pour observer les pays émergents avancer à grands pas risque d'inhiber toute prise de risques. Il serait plus constructif de viser l'excellence de pays tels que la Suisse, l'Allemagne et le Japon qui montrent une marge de progrès notable pour la France.

Top 10 mondial des pays en matière de DPI et de publications scientifiques

Rang	Brevets	Marques	Design	Publicat. scientifiques
1	Japon	Allemagne	Chine	États-Unis
2	Chine	Chine	Allemagne	Chine
3	États-Unis	États-Unis	Italie	Allemagne
4	Rép. de	France	France	Japon
5	Allemagne	Royaume-Uni	Suisse	Royaume-Uni
6	France	Italie	États-Unis	France
7	Royaume-	Espagne	Royaume-Uni	Inde
8	Suisse	Suisse	Japon	Italie
9	Pays-Bas	Pays-Bas	Espagne	Canada
10	Féd. de	Japon	Rép. de Corée	Rép. de Corée

Source : d'après les rapports de l'OMPI et d'Interbrand, 2012

L'analyse du classement mondial des dix premiers producteurs d'innovations, de publications scientifiques et de marques est instructive.

Top 10 mondial des entreprises et organismes de recherche

Rang	Dépenses de R&D	Innovation	Marques	Publications scientifiques
1	Toyota	Apple	Coca-Cola	CNRS
2	Novartis	Google	Apple	Acad. chinoise des sces
3	Roche Holding	3 M	IBM	Acad. russe des sces
4	Pfizer	Samsung	Google	Université Harvard
5	Microsoft	General	Microsoft	Institut Max-Planck
6	Samsung	Microsoft	General	Université de Tokyo
7	Merck	Toyota	McDonald	Inst. nat. de la santé des USA
8	Intel	Proct & Gamb	Intel	Université de Toronto
9	General Motors	IBM	Samsung	Cons. de rech. scient. Esp.
10	Nokia	Amazon	Toyota	Université de Tsinghua

Source : SCImago Research Group, Forbes, 2012

L'Europe se caractérise par une recherche scientifique d'excellence – trois de ses organismes de recherche se placent parmi les dix premiers mondiaux, le CNRS en tête. Mais sa capacité d'innovation et la créativité sont modestes – aucune entreprise parmi les dix premières. Autrement dit, l'Europe présente un écart entre la théorie et la pratique, les idées et les applications. La science et l'économie demeurent disjointes.

Pour la France, cette dichotomie est encore plus accentuée : 6e en matière de recherche fondamentale[20] (en nombre de publications scientifiques), 17e en matière d'innovation[21] (technologique, organisationnelle et commerciale) en 2011. L'arrivée de nouveaux acteurs tels que la Corée du Sud et la Chine abaisse automatiquement la part de la France dans les publications mondiales et, dans le même temps, renforce son indice d'impact[23], car le niveau des publications françaises est reconnu.

La capacité d'innovation et la créativité dépendent du positionnement sectoriel du tissu productif. Si celui-ci est peu spécialisé dans des secteurs innovants[24] et de haute technologie[25] et si le degré de spécialisation (technologique et qualitative) est insuffisamment approfondi, la propension à breveter et à créer sera faible. La concentration technologique de la France sur deux secteurs d'activité – l'aéronautique et la pharmacie – indique un déficit d'innovation préoccupant dans les autres secteurs.

Les dépenses de R&D ne sont pas un gage d'innovation. Pour preuve, Apple : 53e investisseur mondial en R&D et 1re société innovante. Au niveau mondial, les entreprises qui investissent le plus en R&D relèvent principalement des industries pharmaceutique et automobile et les plus innovantes des TIC et des activités grand public, plus à l'écoute de leurs clients.

Une des explications de ce différentiel entre dépenses de R&D et capacité d'innovation se trouve dans la nature des activités de

20. Les spécialités françaises sont les mathématiques (la France est au 2e rang des pays les plus récompensés par la médaille Fields avec 11 médailles en 2010 sur 52 décernées tous les quatre ans depuis 1936, juste après les États-Unis), les sciences de l'Univers et la physique et, pour les disciplines appliquées, le nucléaire et l'aéronautique.

21. Parmi les 100 premiers déposants de brevets, la France en compte 7 : le CEA au 36e rang, Thomson, Alcatel-Lucent, PSA, L'Oréal, le CNRS et Michelin.

23. L'indice d'impact correspond au nombre moyen de citations dans les deux ans qui suivent une publication, rapporté à la moyenne mondiale fixée à 1 par convention. L'Islande atteint 1,8, la Suisse 1,7, les États-Unis 1,5, la France 1,2 en raison d'un contexte linguistique favorable à l'anglais.

24. Les secteurs innovants recouvrent les TIC, les produits pharmaceutiques, la biotechnologie et les nouveaux matériaux.

25. Les produits high-tech (haute technologie, technologie de pointe ou avancée) incluent : les produits pharmaceutiques, les machines de bureau et comptables, le matériel informatique, les appareils de radio, de télévision et de télécommunications, les appareils médicaux de précision, d'optique et d'horlogerie, l'aéronautique, le spatial, le matériel électrique et électronique, la mécanique de précision et la chimie.

recherche privées, surtout incrémentales et centrées sur leur corps de métier. Or, les innovations radicales nécessitent un large champ d'investigation et requièrent d'effectuer des recoupements, là peu le font.

Une implication plus poussée de la recherche privée et une meilleure valorisation de la recherche publique

Les dépenses de R&D sont néanmoins un aiguillon de l'innovation. Elles sont donc un indicateur du potentiel de croissance d'une économie. La recherche requiert des fonds, des compétences et des partenariats efficients (cf. annexe 1 : « Les trois types de recherche » et « La répartition financière »).

Les résultats de la recherche française – 6e en nombre de publications scientifiques – correspondent aux moyens alloués – 6e en dépenses intérieures de R&D (DIRD) après les États-Unis, la Corée du Sud, la Chine, le Japon et l'Allemagne. La France investit 43 Mds en R&D et emploie 230 000 chercheurs en équivalent temps plein (ETP) en 2011. En termes d'intensité, elle recule au 12e rang des pays de l'OCDE avec 2,25 % de son PIB et 7 chercheurs pour 1 000 emplois occupés.

Les pays émergents et ceux de l'Asie du Sud-Est ont pris la mesure du rôle majeur de la recherche. Ils investissent massivement. En dix ans, la Chine a doublé l'intensité de ses investissements de R&D. Certes, ces pays sont en situation de rattrapage, mais ils commencent à percer : la Chine en électronique-électricité, l'Inde en chimie et en pharmacie et la Corée du Sud en instrumentation.

La part des entreprises dans les activités de recherche est, en France, faible comparé à celle des pays comme le Japon et les États-Unis. Toute comparaison internationale s'avère cependant délicate en raison de périmètres d'intervention différents d'un État à l'autre. La recherche publique française intervient dans des domaines spécifiques (nucléaire, spatial et aéronautique) qui relèvent du secteur privé dans les autres pays. Sanofi-Aventis, PSA, Alcatel-Lucent, Renault, France Télécom, L'Oréal et Alstom sont les entreprises françaises qui investissent le plus dans les activités de la recherche en 2012.

Le niveau d'investissement de R&D des firmes transnationales (FTN) est tel qu'il détermine celui des pays. Le budget des trois premières firmes mondiales est considérable, 30 Mds $ en 2011, l'équivalent de ceux de toutes les entreprises françaises.

À titre d'exemple, Nokia, premier producteur mondial de téléphones mobiles encore leader en 2010, réalisait en 2001 un tiers des dépenses de R&D de la Finlande. Il suffit qu'un grand groupe mondial contracte son budget pour que l'intensité d'investissement en R&D d'une nation baisse. C'est ce qui s'est produit en France pendant la dernière décennie. Et la répercussion sur le niveau des dépenses national est d'autant plus forte que les entreprises de taille intermédiaire (ETI) sont peu nombreuses. Cent entreprises réalisent 80 % des dépenses de R&D hexagonales, contre mille en moyenne dans les autres pays du monde.

Cette concentration des dépenses de R&D sur les grandes entreprises (GE) entraîne celle des activités de recherche. Dans le monde, trois branches – l'informatique, l'électronique et la santé – réalisent la moitié des dépenses. Elle entraîne aussi une concentration géographique. En France, deux régions réalisent plus de la moitié des dépenses de R&D : l'Île-de-France (40 %) et Rhône-Alpes (12 %).

Quant à la recherche publique, à l'inverse de la recherche privée, c'est moins le niveau des dépenses qui constitue le point faible du système, créé au sortir de la Seconde Guerre mondiale, que son efficacité.

Le rôle central des organismes publics est une spécificité française. Le poids du CNRS, le seul en France à être multidisciplinaire, est unique. Il est le plus important établissement scientifique du monde, fort de plus d'un millier de laboratoires et de 16 000 chercheurs (l'université est cependant l'employeur le plus important). Il exécute 20 % de la recherche française, détient 3 700 brevets et en dépose 400 tous les ans. (cf. annexe 2 : « Les structures de la recherche publique »).

Une nécessaire refondation du système de recherche public pour une meilleure efficience a été engagée. Il s'agissait, entre autres, de passer d'une culture de moyens à une culture de résultats. La loi d'orientation et de programmation pour la recherche de 2006 instaure un véritable pilotage politique de la recherche publique à tous les stades : 1/ orientations ; 2/ structures ; 3/ modes de financement ; 4/ évaluation.

1/ Une Stratégie nationale de recherche et d'innovation (SNRI) quadriennale est définie. Trois axes prioritaires ont été retenus : santé et biotechnologies, environnement et écotechnologies, TIC et nanotechnologies, et une institution chargée d'éclairer le Gouvernement a été créée, le Haut Conseil de la science et de la technologie (HCST).

2/ Une réorganisation des organismes de recherche publics est conduite. Le premier établissement concerné est le CNRS. Il s'engage sur des objectifs contractualisés avec l'État en contrepartie d'une plus grande liberté de gestion et d'une dotation budgétaire qu'il répartit entre ses départements scientifiques transformés en instituts thématiques au nombre de 10 et en actions interdisciplinaires qu'il coordonne. En parallèle, la loi relative aux libertés et aux responsabilités des universités (LRU) de 2007 renforce l'autonomie et les moyens des établissements en vue, entre autres, de mener une recherche partenariale avec le monde économique.

3/ Les modes de financement sont modifiés. Les financements sur projets se substituent aux financements alloués aux établissements. Ils sont pilotés par l'Agence nationale de la recherche (ANR) créée à cet effet en 2007. La moitié des financements porte sur des appels à projets thématiques du SNRI, l'autre sur des appels « blancs » non thématiques qui se fondent sur l'excellence, afin d'éviter le « court-termisme » et de laisser la possibilité de voir émerger de grandes avancées scientifiques généralement non planifiées.

4/ Une évaluation des structures et des activités de recherche est mise en place. L'Agence d'évaluation de la recherche et de l'enseignement supérieur (AERES) est créée à cet effet.

Le projet de loi relatif à l'enseignement supérieur et à la recherche (ESR) de 2013 ne modifie pas ce mode de gouvernance, mais il introduit deux inflexions majeures : un rééquilibrage des financements sur projet vers des financements récurrents aux laboratoires et une harmonisation de l'agenda stratégique de recherche avec celui du programme-cadre européen de recherche et d'innovation Horizon 2020.

Deux remarques. D'une part, les équipes les plus performantes sont de petite taille ; la production scientifique est d'un meilleur niveau lorsqu'elle est concentrée. D'autre part, l'innovation radicale, à même de relancer la croissance, requiert la plus grande latitude pour émerger. Elle suppose donc de s'écarter d'un système. Nombre de grandes découvertes proviennent de scientifiques peu soucieux d'éventuelles retombées économiques.

La recherche fondamentale a besoin de temps long et s'accorde mal avec des objectifs prédéfinis. La science n'est pas un domaine prédictible, tout comme l'économie et bien d'autres disciplines. En revanche, la science a besoin de conditions propices, d'audace et de confiance.

La restructuration du système de la recherche publique serait inachevée si elle ne s'accompagnait pas d'une valorisation économique (transfert de technologies[26] et de connaissances vers l'économie). C'est là une faiblesse majeure de la France : la corrélation entre recherche, innovation et croissance est l'une des plus distendues des pays développés. Au regard des potentialités existantes et des moyens engagés, les revenus issus de licences des établissements et des organismes de recherche publics sont modestes, y compris pour les plus performants que sont le CNRS, l'Inserm, l'Inra et le CEA.

L'une des causes principales de cet état de fait réside dans une dévalorisation ancienne des activités applicatives, pratiques, économiques et commerciales par rapport à toute forme d'élaboration intellectuelle.

À tous les niveaux, la scission demeure :
– entre la recherche appliquée et la recherche fondamentale longtemps considérée comme plus noble. D'où la dichotomie entre recherche publique et privée ;
– au sein même de la recherche publique, entre organismes et universités, bien que la plupart des équipes soient mixtes ;
– au sein de l'enseignement supérieur, entre les grandes écoles, plus prestigieuses, et les universités, plus populaires ;

---

26. Le transfert de technologies désigne la transformation de nouvelles connaissances (ou découvertes scientifiques) en valeur économique, nouveaux marchés, produits ou services. Il s'effectue au moyen d'un contrat par lequel une institution universitaire ou de recherche concède une licence (un droit) qui permet d'exploiter une nouvelle technologie en échange d'une redevance ou d'une autre contrepartie.

– dans le tissu productif aussi, entre les grandes entreprises et les très petites entreprises, alors que la coopération et la collaboration caractérisent les pays les plus innovants de l'Europe du Nord.

De cet élitiste subsiste un cloisonnement entre les disciplines, rédhibitoire dans un contexte interactif. Les distinctions sont des entraves à la valorisation économique, laquelle est indispensable pour transformer une invention ou une découverte en réussites industrielle et commerciale. Ces dernières résultaient jusqu'alors d'une étroite collaboration public-privé que les grands programmes publics de recherche favorisaient. Aucun système n'a été mis en place pour pallier leur retrait.

À l'inverse, le financement privé des sociétés aux activités publiques de recherche est très limité (5 %). En outre, les entreprises préfèrent la formation des écoles d'ingénieurs, de commerce et des grandes écoles à celle des doctorats universitaires. Cette faible implication du secteur privé aux activités de recherche publiques et le peu de reconnaissance des diplômes universitaires nuisent à la mise en place d'un écosystème recherche-innovation-formation fluide et performant.

Toutefois, trois exemples témoignent d'un changement de culture en faveur d'une mise en synergie public-privé :
– un exemple de recherche collaborative ou partenariale. L'École des mines offre, par le biais de l'association Armines, la compétence de ses ingénieurs aux entreprises industrielles qui, en retour, financent les laboratoires de recherche de l'école ;
– un exemple de création d'entreprises issues de laboratoires publics par essaimage (*spinoff*). Un ancien chercheur de l'Ifremer a créé en 2009 une entreprise, Frementalg, suite au dépôt d'un brevet de processus de production de microalgues pour des débouchés plurisectoriels (nutrition, cosmétique, biocarburants et chimie verte). Un partenariat scientifique est conclu avec le CEA Valorisation (société d'investissement du CEA dans des entreprises innovantes) qui participe au capital de Frementalg et le CEA Cadarache, spécialisé dans les énergies renouvelables, qui détache une partie de ses chercheurs auprès de Frementalg ;
– un exemple de création d'une structure *ad hoc* de valorisation de la recherche publique, Inra Transfert SA. Cette filiale de l'Inra fondée en 1999 crée à son tour en 2008 une société, Agro Biotech

Accélérateur (ABA), un incubateur de projets en *joint-venture* avec le fonds d'investissement Natixis Private Equity, qui dispose ainsi d'un premier regard sur les meilleurs projets issus de la recherche et lui permettra d'acquérir une expertise dans ce secteur porteur. Chaque année une dizaine de projets se transforment en startups[27] dans lesquelles ABA est actionnaire.

Afin de favoriser le transfert technologique, les gouvernements ont mis en place des structures et des dispositifs dédiés (cf. annexe 3 : « Les dispositifs publics de transfert de connaissances »). Ces structures commencent à porter leurs fruits, à l'exemple des instituts Carnot qui essaiment 80 sociétés par an et ont déposé 800 brevets en 2011. Elles demandent cependant du personnel spécialisé pour identifier et gérer les actifs en provenance de la connaissance présentant un potentiel commercial. Ces métiers en valorisation de la DPI se développent.

La recherche d'une innovation de rupture ne doit toutefois pas occulter un facteur de compétitivité, la créativité, dont l'importance a été reconnue par les institutions européennes qui ont consacré l'année 2009 « Année européenne de la créativité et de l'innovation », mais la crise économique et financière a réfréné l'ambition affichée.

En matière de créativité, le bon résultat global de la France, 4e rang mondial, résulte du dynamisme de ses industries de la mode et du luxe[28]. Enlevez ces industries, et la France est déclassée, ce qui révèle une stratégie insuffisante de valorisation et de différenciation des produits français. Comme si la qualité était un secteur d'activité particulier, distinct, certes poussé jusqu'à l'excellence, mais qui demeure une valeur peu intégrée aux process et aux produits. Un paradoxe au pays de la mode, du luxe, où la qualité est reconnue : qualité de vie, culture, goût, beauté des paysages et qualité du travail. Forte d'une industrie du

---

27. En France, une startup est créée pour 800 chercheurs ; aux États-Unis, la proportion est de une pour 100 chercheurs.

28. Huit marques françaises figurent parmi les 100 premières mondiales : Louis Vuitton (16e place), L'Oréal, Axa, Danone, Hermès, Cartier, Moët & Chandon et Lancôme. En valeur relative (par rapport au capital de la société), Chanel est la première marque française avec 66 % de la valeur du groupe du même nom, puis viennent Adidas et Louis Vuitton.

luxe mondialement réputée, la France dispose pourtant là d'un puissant identifiant et d'une force incomparable pour valoriser l'image de son offre commerciale dans le monde.

Certains États ont mis en place une politique destinée à la créativité : la Grande-Bretagne, une agence et un programme de soutien aux secteurs de la création ; le Québec, un crédit d'impôt spécifique pour inciter les entreprises à recourir au design ; les pays de l'Europe du Nord, des objectifs quantitatifs. Et que fait la France ? Elle a créé dans les années 1980 deux agences spécialisées, l'une dans la créativité industrielle, l'autre dans la mode. Depuis, quasiment aucun dispositif ni aucune incitation publique n'ont été adoptés.

La baisse des dépôts de brevets, la désaffection des jeunes pour les filières scientifiques (baisse de 20 % entre 2000 et 2010), les départs massifs à la retraite des chercheurs du public et la faiblesse du financement de la recherche privée interpellent. Il ne s'agit plus comme autrefois de concevoir, de produire et de distribuer bien. Désormais, il faut concevoir, produire et distribuer toujours mieux, avec plus de valeur ajoutée et de nouveauté. Cela, la France sait le faire et se place parmi les leaders mondiaux dans des filières d'avenir comme les contenus numériques, les logiciels de production, la pharmacie, les loisirs, l'aéronautique, le spatial, le naval haut de gamme, les drones et les microstructures. Cela, elle doit le développer.

CHAPITRE II

L'enjeu de la formation initiale et continue

INDUSTRIE, services, culture, éducation, recherche, pas un seul enjeu qui ne soit mondialisé et ne fasse l'objet de comparaisons internationales, lesquelles influencent les décisions politiques. Dans un monde de la mobilité, il devient essentiel de se classer dans les premiers pour capter les talents ou du moins ne pas perdre les siens. Les déplacements vers un environnement porteur, où la créativité est valorisée, vont s'amplifier. La performance du système éducatif sera déterminante.

1. PARVENIR À UN NIVEAU D'ENSEIGNEMENT D'EXCELLENCE

L'éducation, la R&D et l'innovation forment le « triangle de la connaissance ». La croissance des pays avancés est axée sur le savoir, la créativité, l'inventivité et l'information, qui requièrent une population qualifiée disposant d'un large socle de connaissances et de compétences.

Aux capitaux financier, matériel et immatériel s'est ajouté le « capital humain ». Ce vocable met en avant l'apport fondamental qu'une population qualifiée représente. Le niveau d'éducation représente un enjeu d'avenir.

La France compte 15 millions d'étudiants, d'élèves et d'apprentis pour un budget de 135 Mds en 2011, soit 7 % du PIB. En termes d'effort (dépenses intérieures d'éducation/PIB), elle se situe au 10e rang des pays de l'OCDE, en deçà de la moyenne.

La France consacre, par an, 8 250 € par élève ou étudiant, plus pour un lycéen que pour un élève du primaire ou un étudiant. Or, le primaire et l'enseignement supérieur sont les deux déterminants du parcours éducatif, puisque c'est à l'école élémentaire et au supérieur que l'avenir se joue : à l'élémentaire pour acquérir les fondamentaux, au supérieur pour se spécialiser. Les premières années sont de plus en plus considérées comme la période décisive de la réussite des politiques sociales, familiales et éducatives, que le supérieur concrétise.

Le niveau de formation a fortement crû en raison d'une démocratisation de l'enseignement entre le début des années 1960 et la fin des années 1990 qui a multiplié les filières, les formations et les établissements. Le pourcentage des jeunes de 30 à 34 ans diplômés du supérieur[29] est passé de 27 % en 2000 à 43 % en 2012. La France se place désormais au-dessus de la moyenne de l'UE (34 %).

Mais l'ampleur de l'échec scolaire, le nombre élevé d'élèves en difficulté et la faible reconnaissance internationale des établissements d'enseignement supérieur appellent à une refondation du système qui s'avère d'autant plus nécessaire qu'il existe une vive concurrence mondiale pour attirer les étudiants étrangers, les jeunes chercheurs et les ingénieurs.

Des résultats scolaires très mitigés

La démocratisation de l'enseignement s'est accompagnée d'une ségrégation sociale plus poussée :
– un jeune sur cinq sort de l'enseignement secondaire sans qualifications et/ou sans diplômes[30] ;
– le nombre d'élèves en grande difficulté est élevé et il augmente. En 2010, un élève sur cinq ne maîtrise pas les compétences de base requises (écriture, lecture et calcul).

29. La durée moyenne des études sert d'indicateur de performance éducative. S'il est indéniable que le niveau éducatif augmente avec la durée des études, il faut néanmoins s'interroger sur la pertinence des filières et des formations existantes.

30. Les élèves sans qualifications quittent l'enseignement scolaire en classe de 3e ou en 1re année de CAP ou de BEP. Ils sont sans diplômes et n'ont pas eu le temps d'acquérir une qualification.

La part d'une génération ayant obtenu le bac a stagné pendant vingt ans (66 % en 2010). Si elle grimpe à 78 % en 2012 suite à une réforme du bac professionnel (en trois ans au lieu de quatre), en termes de résultats globaux, la France arrive au 22e rang des 65 pays étudiés par le Programme international pour le suivi des élèves (PISA) de l'OCDE en 2009, et le niveau a baissé par rapport à l'enquête précédente de 2006.

Les résultats des élèves et des étudiants sont en France étroitement corrélés à l'origine sociale. Celle-ci influe non seulement sur le taux de réussite mais aussi sur l'orientation scolaire. Les classes préparatoires restent l'apanage des enfants de cadres et de professionnels libéraux – seuls 6 % sont des enfants d'ouvriers et 9 % des enfants d'employés –, les filières professionnelles celui des enfants de milieu populaire. Les deux tiers des enfants issus de catégories socioprofessionnelles élevées obtiennent un bac général, contre un tiers des enfants d'ouvriers.

Les systèmes scolaires les plus performants – Corée du Sud, Shanghaï, Finlande, Hong Kong, Singapour, Canada, Nouvelle-Zélande et Japon – sont ceux dont le nombre d'élèves en grande difficulté est faible, ceux où les écarts entre écoles sont minimes, ceux dont l'insertion et la valorisation de toutes les populations sont élevées. La France présente les caractéristiques inverses, de fortes disparités entre une moitié des élèves qui figurent parmi les meilleurs des classements et une moitié dont le niveau déjà faible baisse. Cette bipolarisation des résultats est la cause principale des médiocres performances de son système éducatif. La France se prive ainsi d'une force de travail, d'une capacité intellectuelle, d'une inventivité et d'une créativité diversifiées. C'est un défi à relever ; c'est aussi un enjeu de cohésion sociale.

Il convient toutefois de garder à l'esprit que l'enseignement, du ressort de l'État, est un vaste marché lucratif convoité par le secteur privé qui, en mettant l'accent sur les points de fragilité du système, préconise la privatisation des services publics d'enseignement.

Un enseignement supérieur en restructuration

Les pays qui consacrent d'importants moyens à l'enseignement supérieur sont les plus performants et les plus innovants.

La France y alloue 27 Mds en 2011 pour 2,5 millions d'étudiants, au 16e rang des pays de l'OCDE. L'augmentation budgétaire depuis 1975 a juste permis de faire face au doublement du nombre des étudiants.

Le système d'enseignement supérieur comprend :
- les universités et les grands établissements, au nombre de 86, pour 58 % des étudiants ;
- les filières sélectives (IUT, STS, classes préparatoires et grands établissements) pour 20 % des étudiants ;
- les écoles d'ingénieurs, de commerce, de gestion, de vente, de comptabilité, etc., pour 22 % des étudiants.

Sont dénombrés au total 4 400 établissements publics et privés et un large éventail de formations : 1 800 intitulés de masters, 1 400 licences générales, 2 200 licences professionnelles, 450 diplômes d'ingénieurs et 300 écoles doctorales. L'offre de formation est complexe et peu lisible tant pour les étudiants issus de milieux modestes que pour les étudiants étrangers.

Un bref historique des principales réformes permet de comprendre le système actuel et les enjeux. Commençons en 1968 avec la loi d'orientation de l'enseignement supérieur, dite « loi Edgar Faure », qui supprime les facultés spécialisées pour les réorganiser en universités pluridisciplinaires avec la possibilité de choisir une vocation dominante. Au lieu de se regrouper, les facultés ont donné naissance à 62 universités dans les seuls quatre ans qui suivirent.

En 1990, afin de répondre à la forte hausse des effectifs étudiants, le plan Université 2000 (U2000) pose le principe selon lequel aucun point du territoire continental ne doit se situer à plus de 150 km d'une infrastructure d'enseignement supérieur. De nombreux établissements et IUT sont créés ainsi que dix universités, la dernière à Nîmes en 2007.

En 2000, le contexte change, les effectifs étudiants se stabilisent. Après les aspects quantitatifs du plan U2000, le plan Université du troisième millénaire (U3M) vise à améliorer la qualité des établissements.

En 2008, sont ainsi dénombrées pas moins de sept universités à Paris *intra-muros*, quatre à Bordeaux, trois à Marseille, Toulouse, Montpellier, Lyon, Lille, Strasbourg et Grenoble et deux à Rennes.

En dotant les villes moyennes d'un établissement d'enseignement supérieur, le plan U2000 de 1990 a réparti l'offre sur l'ensemble du territoire malgré une concentration des effectifs étudiants sur les sites des sièges universitaires, engendrant surcoûts et éparpillement de moyens avec un système demeurant cloisonné par discipline entre science, technique et économie. Cette configuration s'oppose à la transversalité et à l'interdisciplinarité de l'enseignement souhaitées dès la loi Faure, pourtant nécessaires aux nouvelles technologies.

De ces réformes s'ensuit un système disséminé sur le territoire national dont les établissements d'enseignement supérieur sont à l'international peu reconnus. Seuls trois se placent parmi les 100 premiers du classement mondial de l'université de Shanghaï de 2012 (Paris XI à la 37e place, Paris VI et l'ENS-Paris) et 20 parmi les 500 premiers, deux fois moins que les britanniques et les allemands.

Dans un autre classement mondial fondé sur des pondérations et des critères conçus pour saisir toute la gamme des activités de l'université (enseignement, recherche et transfert de connaissances), celui de *Times Higher Education*, seuls 7 établissements français apparaissent parmi les 200 premiers : l'ENS-Paris, Polytechnique, Paris VI, Paris VII, l'ENS-Lyon, Paris-Sud et Grenoble I.

Si contestables que soient ces classements, force est de constater que les étudiants étrangers préfèrent aller étudier au Royaume-Uni, (Cambridge ou Oxford) et aux États-Unis (Harvard, Yale ou Stanford). En vingt ans, les impératifs ont radicalement changé, passant d'une forte augmentation des effectifs étudiants à une compétition mondiale vive entre les établissements. Outre les domaines d'excellence que sont les mathématiques et les grandes écoles, la renommée internationale des établissements français est, somme toute, très passable.

Afin d'atteindre une meilleure efficience et une lisibilité internationale, à rebours des décennies précédentes, les universités commencent à fusionner. Celles de Strasbourg en 2009, puis de Marseille-Aix et de Lorraine (Nancy-Metz) seront les premières. Elles se regroupent aussi avec des écoles et des laboratoires de recherche, pour former depuis 2006 des pôles de recherche et d'enseignement supérieur (PRES).

Pour se démarquer et disposer d'un avantage comparatif, ces ensembles universitaires pluridisciplinaires se forgent une identité en proposant des formations liées à leur passé et leur territoire d'implantation, à l'exemple du pôle universitaire de Ravenne en Italie, ville à la culture et à l'histoire multimillénaires, qui a développé l'aspect culturel de ses formations. L'un des objectifs de la loi relative aux libertés et responsabilités des universités (LRU) de 2007 – notons la formulation qui laisse supposer que s'opposer à cette loi reviendrait à s'opposer à la liberté et aux responsabilités (nombre de lois utilisent ce procédé) – est précisément de laisser aux universités le choix de leurs formations et de leurs recherches[31].

Suite à la multiplication du nombre d'établissements d'enseignement supérieur depuis le début des années 2000 pour faire face à une population étudiante en forte croissance, l'orientation politique tend vers le qualitatif. Il s'agit désormais d'améliorer les résultats et de répondre à une compétition internationale entre établissements. Ce changement, du quantitatif au qualitatif, de la dispersion au regroupement, est tardif, progressif. En 2009, le plan Campus affiche clairement cette orientation politique en donnant les moyens financiers (5 Mds) à dix PRES en vue de les propulser à l'international.

Alors qu'il faudrait soutenir ces regroupements déjà constitués et concentrer les moyens sur quelques sites d'excellence, le projet de loi relatif à l'enseignement supérieur et à la recherche (ESR) de 2013 vise un rééquilibrage territorial dans un souci d'équité. Une trentaine de fédérations d'universités et de grandes écoles viendraient remplacer les PRES, globalement une par académie, c'est-à-dire une par région. En rapprochant cette échelle territoriale du projet de loi de décentralisation de la même année qui vise à renforcer le rôle des régions en matière de formation, l'on peut constater une tendance à la régionalisation des établissements d'enseignement supérieur.

Cela revient à défaire les coopérations qui commençaient à se concrétiser pour répondre à la volonté des régions de disposer d'un ensemble universitaire sur leur territoire. Plutôt que le local, il faut viser le global. La France doit améliorer la visibilité internatio-

---

31. Le président d'université ne pouvait ni définir librement les orientations de son établissement, ni recruter les enseignants, ni en fixer la rémunération.

nale de son offre universitaire pour attirer les meilleurs étudiants étrangers, renforcer les liens et les réseaux internationaux.

Entre dispersion et concentration territoriales, la difficulté consiste à trouver le juste équilibre. Toute réforme doit être mise en regard de ce constat international : la plupart des universités qui arrivent en tête des classements sont des petites ou moyennes structures comptant souvent moins de 20 000 étudiants. Les meilleures disposent d'un taux d'encadrement et d'un budget par étudiant sans commune mesure avec ceux des universités françaises.

Budgets et effectifs comparés de certaines universités dans le monde

Université	Budget	Nombre d'enseignants chercheurs	Nombre d'étudiants
Harvard	2 100	2 500	19 000
Cambridge	2 300	1 500	18 000
Stanford	2 200	1 400	15 000
Berkeley	1 100	1 400	34 000
MIT (Massachusetts Institute of Technology)	1 500	500	10 000
Oxford	800	1 400	18 000
Paris VI	300	4 000	30 000
Paris XI	200	1 800	26 000
ENS (École normale supérieure)	80	200	15 000

Source : *Le Monde*, 14 décembre 2006

Un établissement d'enseignement supérieur est un outil de qualification ; il caractérise son territoire d'implantation. Si l'offre de formation d'une petite structure d'enseignement supérieur trouve à se justifier par des retombées économiques, en d'autres termes, sous condition qu'elle soit un vecteur de croissance, la richesse d'une offre universitaire française territorialement répartie peut participer à une offre nationale diversifiée et attractive.

À titre d'exemple, la formation d'ingénieur-entrepreneur lancée en 1999 par l'École des mines d'Alès, ville alors en reconversion industrielle, a permis, dix ans après, la création d'une centaine d'entreprises innovantes. Selon le directeur de l'école, Alain Dorison : « La force d'une grande école est d'être petite, réactive et proche des milieux économiques ». La force d'une grande structure est d'avoir une visibilité internationale et de proposer des formations transdisciplinaires indispensables.

Désormais, les grandes orientations viennent de l'UE et du Conseil de l'Europe. En 1999, la France signe le processus d'harmonisation des systèmes européens de la déclaration de Bologne, ratifiée par 46 pays. La plupart des réformes engagées, tel le système LMD (licence, master, doctorat) qui allonge *de facto* la durée des études, en découlent. L'objectif est de créer un espace européen de l'enseignement supérieur (EEES) tout en préservant la particularité de chaque système. Cette diversité européenne est très appréciée. Pour que l'EEES devienne effectif, le programme Erasmus favorise la mobilité internationale des étudiants et des personnels, l'objectif étant d'atteindre un taux de participation de 20 % des étudiants d'ici à 2020.

Autre changement : l'arrivée des technologies numériques. Les méthodes pédagogiques, les implantations et les équipements doivent être repensés à l'aune des TIC.

D'abord les méthodes. Les TICE (TIC pour l'enseignement) vont modifier les usages pédagogiques du primaire à l'enseignement supérieur. Il importe de l'anticiper au plus vite. Or, leur introduction dans les pratiques pédagogiques est encore peu courante ; la visioconférence, l'appropriation des technologies par les enseignants et l'*e-learning* en sont à leurs débuts. Afin d'améliorer les résultats des élèves, d'après une étude récente du ministère de l'Éducation des États-Unis, les technologies numériques doivent être néanmoins associées à la méthode traditionnelle.

Aux États-Unis, la plupart des universités dispensent des cours en ligne ; en France, elles sont 3 % à le faire. Harvard, le MIT et Stanford attirent ainsi des étudiants du monde entier. Le Royaume-Uni, le Canada et la Tunisie ont créé des universités virtuelles qui offrent des formations diplômantes.

La France a un peu pris la mesure de l'enjeu. Début 2013, un plan d'action « France Université numérique » (FUN) est lancé avec pour objectif de mettre 20 % des cours en ligne d'ici à 2017. Cette situation de rattrapage, une parmi de nombreuses autres, montre que la France n'est plus capable de proposer de nouveaux modèles et systèmes. Pourtant, dans ce domaine, tout reste à faire et à inventer.

Ensuite les équipements. La France accuse un retard certain[32]. Elle se situe au 9ᵉ rang de l'UE-15 en 2011. L'enjeu est tel que la Corée du Sud, par exemple, a lancé le programme « Smart Education » qui prévoit la généralisation des manuels numériques pour 8 millions d'élèves d'ici à 2015. Début 2013, en France, un plan d'action pour le « Numérique à l'école » commence à se mettre en place.

Enfin, les implantations. Les TICE vont aussi rationaliser la carte de l'enseignement supérieur car les universités ne sont pas, comme les écoles, des établissements de proximité. Malgré l'importance pour les territoires de disposer de structures de formation du supérieur, le nombre élevé de sites génère des frais de fonctionnement colossaux pour une efficacité limitée et une visibilité internationale faible. Si les petites structures ne justifient pas leur ancrage territorial, elles pourraient devenir un handicap à l'ère du numérique, en raison d'une substitution partielle des espaces numériques au bâti. Les établissements d'enseignement supérieur demeureront des lieux de rencontre et d'émulation, mais un recentrage des structures doit être anticipé, sans pour autant que les campus universitaires deviennent des « mammouths », ce qui serait aussi une source d'inefficacité.

2. VERS UN ENSEIGNEMENT AU SERVICE DE LA COMPÉTITIVITÉ

La formation initiale et la formation continue doivent répondre aux besoins de la société. Et les besoins actuels pour les pays avancés et émergents sont d'abord économiques.

Un nouveau paradigme de l'enseignement

Accroître le niveau de formation de la population est une priorité. Des objectifs chiffrés ont été fixés par l'UE pour 2020 et déclinés au niveau national : 50 % des jeunes de 17 à 33 ans diplômés

---

32. On recense un ordinateur pour 9 élèves en primaire en 2011, contre un pour 3,5 en Europe, et un pour 3 en lycée. De plus, seuls 6 % des classes sont équipés d'un tableau numérique interactif (TNI), contre 78 % en Grande-Bretagne – le pays leader dans le domaine – ou 15 % en Finlande.

de l'enseignement supérieur et un taux de décrochage scolaire de moins de 10 %, contre 12 % aujourd'hui. La volonté de porter la moitié d'une génération au niveau de l'enseignement supérieur ouvre l'accès, mais elle élude les questions fondamentales des contenus, de la qualité et de la finalité.

L'allongement des études dans une logique d'affichage, notamment international, entraîne une inflation scolaire et une dévalorisation des diplômes en raison d'une offre accrue sur le marché du travail qui incite les entreprises à rechercher un niveau toujours supérieur. Cela conduit à des désillusions, voire à une défiance à l'égard du système socioéconomique et démocratique.

À se focaliser sur des objectifs quantitatifs, le risque est grand de s'écarter en définitive de l'objectif final d'une élévation réelle du niveau des connaissances, des savoirs et des compétences de la population. Ces ambitions chiffrées ne sauraient suffire aux besoins d'une société avancée.

Alors que les établissements étaient des lieux où l'étudiant devait être préservé de l'environnement extérieur pour s'y préparer en toute indépendance (peu nombreux, les étudiants faisaient partie de l'élite), les établissements s'ouvrent désormais au monde économique et s'y ajustent au risque d'instaurer une relation de fournisseur en personnels qualifiés pour des clients, les entreprises. De plus en plus d'écoles et d'universités montent des cursus sur mesure avec les sociétés[33]. Elles devraient être plus autonomes dans leurs orientations par rapport aux pouvoirs, gouvernemental, local et économique, pour éviter de ne répondre qu'à une demande ponctuelle et de se trouver en position de subordination aux entreprises qui visent des retombées immédiates.

Une formation professionnelle ou technologique dès le secondaire serait une voie adaptée à certains élèves. Il n'est pas nécessaire par exemple de ne disposer que d'ingénieurs, il faut aussi des techniciens, les uns comme les autres de très bon niveau.

33. 1er exemple : en 2006, l'université Paris-Dauphine est la première à avoir recours à des fonds privés (Axa, AGF, Groupama, EDF et Calyon) pour créer des chaires d'enseignement et de recherche. Un 2e exemple : l'université de Montpellier II et l'École centrale de Paris définissent leurs programmes de formation en collaboration avec des entreprises partenaires comme Areva, IBM ou la SNCF qui font partie de la commission pédagogique. Certaines demandent parfois des contenus pédagogiques très précis répondant à un besoin immédiat.

L'orientation professionnelle et technologique est souhaitable dès lors qu'elle est choisie et qu'elle n'est pas considérée comme une voie de délestage. Ce qui suppose un changement de fond.

Un équilibre est à trouver entre allongement et qualité des études, entre enseignements académique et professionnel, entre enseignements général et spécialisé.

L'enseignement supérieur a une triple fonction : diffuser du savoir, en créer et préparer l'étudiant à la vie professionnelle. Dans un monde concurrentiel interconnecté, dans un contexte de spécialisation et de multiplication des connaissances, l'éducation devient un facteur de compétitivité. Le système éducatif doit donc être efficace. La « guerre économique » exige de pouvoir disposer de salariés qualifiés. Les systèmes les plus performants seront ceux qui sauront « produire » et attirer les meilleurs étudiants.

Il est donc attendu des universités qu'elles répondent au besoin de personnel disposant de compétences professionnelles rapidement mobilisables. Il s'agit ainsi de passer de l'enseignement des savoirs et de la formation intellectuelle et culturelle en dehors de toute doctrine religieuse, politique, sociale et économique, à l'enseignement d'un socle de connaissances spécialisées et de compétences ciblées.

Tandis que l'école visait à former le citoyen, détenteur de la souveraineté, émancipé de l'Église, et que l'université visait à sceller un fondement universaliste[34], cette dernière tend désormais à préparer l'employé qualifié à ses futures fonctions économiques.

Les dernières réformes[35] tendent à la fois vers l'allongement de la durée des études supérieures et vers une professionnalisation des scolarités. Le modèle français, qui se référait à la carrière, se rapproche du modèle anglo-saxon – qui, très articulé au monde

34. Dans l'enseignement primaire, l'universalité de l'instruction est affirmée dès 1833 comme « l'un des principes les plus grands et les plus pressants » (circulaire du ministre de l'Instruction publique, M. François Guizot, adressée aux instituteurs).

35. La réforme des baccalauréats généraux et technologiques entrée en vigueur entre 2011 et 2013 spécialise l'élève en classe de terminale sur sa dominante (sciences, littérature, sciences et technologies de laboratoire, etc.). Il apparut dès lors nécessaire que l'élève puisse choisir sa voie dans un éventail de matières enseignées en classe de seconde.

du travail, privilégie l'insertion immédiate comme en Angleterre et aux États-Unis où prédominent des formations ciblées et évolutives –, et des connaissances générales médiocres.

Les notions de savoirs et de pensées sont souvent remplacées par celles de connaissances et de compétences. La loi d'orientation et de programme pour l'avenir de l'école de 2005, dite « loi Fillon » le stipule. L'orientation et les formations proposées aux élèves doivent tenir compte « des perspectives professionnelles liées aux besoins prévisibles de la société et de l'économie ». On attend du système qu'il forme des personnes aptes « à mener [leur] vie dans la société ». Donc qu'elles s'adaptent au système, non plus qu'elles en soient les initiateurs, révélant par là même un manque d'ambition et une perte de confiance en la France en tant que force de proposition.

Pourtant, jamais la société n'a autant eu besoin d'inventeurs, d'innovateurs et de créateurs. Plutôt que de former à s'adapter, les établissements de la formation initiale (école, collège, lycée et université) devraient contribuer à faire émerger une culture d'innovation et de créativité, mais aussi à penser les systèmes et la société par le débat. En réponse, le projet de loi ESR de 2013 tend vers une spécialisation progressive des études supérieures en premier cycle en favorisant les passerelles pour permettre « à l'étudiant de constituer un projet personnel et professionnel ».

Aux trois fonctions de l'enseignement supérieur – diffuser du savoir, en créer et préparer l'étudiant à la vie professionnelle –, une quatrième s'ajoute : le transfert technologique. L'émergence de projets innovants issus de la recherche universitaire constitue un enjeu important. Les structures universitaires d'accompagnement de projets participent à la réussite des universités américaines et sont à l'origine de nombreuses sociétés innovantes telles Intel, Hewlett-Packard, Symantec, Qualcomm et AOL. En France, des fondations universitaires et partenariales existent depuis que la loi LRU a créé ces nouveaux outils qui permettent de mobiliser les financements extérieurs. L'université est désormais en capacité de jouer un rôle catalyseur et incubateur de projets économiques innovants.

Par ailleurs, dans le contexte de la mondialisation économique, les entreprises demandent des profils internationaux, donc des formations internationalisées. D'un côté, les étudiants étrangers représentent 16 % des inscrits universitaires, de l'autre, 14 % des étudiants français trouvent un premier emploi à l'étranger.

Dans cette course mondiale aux profils similaires, si la France n'offre pas une spécificité, elle sera perdante face à des pays comme les États-Unis et la Chine. Dans un monde régi par des normes, les écarts deviennent une source d'inventivité et de créativité. L'abstraction française plaît aux entreprises britanniques – les ingénieurs français y sont recherchés pour cette faculté. Il serait dommage, sous prétexte d'harmoniser les systèmes d'enseignement, d'annihiler ce qui constitue la force et la spécificité françaises.

Au-delà de l'adaptation nécessaire du système éducatif aux mutations socioéconomiques, au-delà d'une recherche de la performance, à tout le moins de l'efficience, une véritable réflexion sur le positionnement de l'enseignement supérieur français dans le monde doit être ouverte pour fixer une stratégie nationale dans ce vaste réseau mondial.

Renforcer la formation continue

L'enseignement supérieur est la finalité de la formation initiale. Mais de nos jours, la formation se prolonge tout au long de la vie. Dans un monde où les mutations du travail rendent vite obsolètes les qualifications obtenues, l'acquisition de nouvelles connaissances et compétences ainsi que leur amélioration requièrent un système de formation continue performant ouvert à tous.

À titre d'exemple, hier un praticien apprenait une technique médicale pour toute sa carrière. Aujourd'hui, la rapidité des progrès en génétique, thérapie cellulaire, imagerie, etc. oblige les médecins à réactualiser régulièrement leurs connaissances et leurs pratiques[36].

L'adaptation permanente de la population active est un facteur clef de la croissance et du développement. La formation continue facilite l'intégration technologique, accroît la productivité, sécurise

36. Depuis 1996, les médecins sont soumis à l'obligation de participer à quatre journées de formation continue par an. Depuis 2004, ils sont également soumis à l'obligation d'évaluer leurs pratiques professionnelles tous les cinq ans.

les parcours professionnels et diminue la propension à délocaliser les activités.

C'est pourquoi les entreprises nouent des partenariats avec les universités pour mettre en place des formations en vue de réactualiser les compétences de leur personnel[38].

La France alloue 30 Mds à la formation professionnelle continue et à l'apprentissage, soit 1,5 % de son PIB depuis 2002, un montant équivalant à celui de l'enseignement supérieur, qui la place au 3e rang européen. Les principaux financeurs sont l'État (50 %), dont 20 % pour ses propres agents, et les entreprises (40 %), assujetties à une obligation de dépenses, dépenses qui fléchissent en raison, entre autres, de la baisse de la durée moyenne des actions de formation (de 132 heures en 2006 à 95 heures en 2010).

La moitié des salariés suivent une action de formation au cours d'une année, contre un tiers en 1990. Toutefois, d'importantes disparités[39] existent selon la taille des entreprises, le secteur d'activité, la catégorie socioprofessionnelle (déterminée en grande partie par le niveau de formation initiale) et l'âge des employés. La formation continue bénéficie principalement aux plus diplômés et aux plus qualifiés, ceux dont le potentiel d'évolution et le retour sur investissement sont supérieurs. Les plus défavorisés sont les travailleurs peu qualifiés et âgés de PME. Le plus grand écart se situe entre les ouvriers d'une petite entreprise et les ingénieurs ou les cadres d'une grande entreprise avec un rapport de un à cinq.

Alors que le diplôme est en France plus discriminant que dans la plupart des autres pays développés, que le milieu social d'origine est plus déterminant, le système de formation professionnelle joue un rôle redistributif très limité. Au final, la formation

38. Certains IUT jouent un rôle direct dans le développement économique local en réactualisant les compétences de salariés d'entreprises, à l'exemple des IUT de Montpellier en techniques de commercialisation pour les personnels de la Banque postale, de Lorient en compétences de chefs d'équipe pour l'association Talents et de Strasbourg en thermographie pour la société Flir Systems.

39. 60 % des salariés des entreprises de plus de 1 000 salariés ont reçu une formation, contre 22 % pour les entreprises de 10 à 19 salariés. Le même écart existe entre les salariés bac + 3 et plus et ceux qui ne sont pas diplômés. Il est en revanche moins prononcé entre les salariés de 15 à 29 ans (54 %) et les plus de 60 ans (28 %).

accentue les lacunes du cycle de la formation initiale au lieu de les atténuer.

Selon les projections des États-Unis, cinq secteurs d'activité connaîtront une forte croissance et regrouperont l'essentiel des créations d'emplois d'ici à 2016 : santé, éducation, construction, environnement et énergies renouvelables. En revanche, deux autres branches, le commerce de détail et l'industrie manufacturière, concentreront les plus fortes baisses.

Face à cette restructuration économique, au vieillissement de la population et aux nouvelles formes de travail, à temps partiel et morcelé, qui éloignent les individus de la formation – la création prévue d'un compte individuel de formation attaché à la personne et non au statut pourrait permettre d'y remédier –, la démocratisation de la formation continue peine à prolonger celle de l'enseignement supérieur.

Différents dispositifs ont cependant été mis en œuvre : le congé individuel de formation (CIF) en 1970 et 1971, le bilan de compétences en 1991, la validation des acquis de l'expérience (VAE) en 2002, le droit individuel à la formation (DIF) en 2004 et le fonds paritaire de sécurisation des parcours professionnels (FPSPP) de 2009 doté de 900 M pour mieux orienter les actions vers ceux qui en ont le plus besoin. Mais le système est complexe et peu lisible.

Démocratiser l'accès à la formation continue est louable, mais le rattrapage par la formation a aussi ses limites. Cette volonté se heurte aux exigences des entreprises pour lesquelles la formation continue est un investissement dont elles attendent un retour immédiat maximal.

CHAPITRE III

Des conditions propices à la croissance

LA FRANCE se situe à une période charnière qui pourrait compromettre son avenir et son modèle social. Les principaux défis à relever sont ceux de la créativité, de l'innovation et de la formation. Ces facteurs de croissance et de développement requièrent non seulement des moyens mais aussi une organisation favorisant l'interactivité et la coopération dans le cadre élargi d'une Union européenne renforcée.

1. REDÉPLOYER L'OFFRE DE FINANCEMENT ET CRÉER UN ENVIRONNEMENT PROACTIF

Faute de financements suffisants, les entreprises les plus prometteuses en termes de croissance, d'innovation et d'emplois peinent à atteindre une taille critique pour investir, innover et exporter. Le capital-investissement (*private equity*) représente une alternative de financement adaptée à l'économie française. Aussi l'État et les collectivités territoriales ont-ils mis en place une ingénierie financière aux différents stades de leur développement (cf. annexe 4 : « Les dispositifs publics de financement aux entreprises ») pour une efficacité contestée.

Une offre de financement privée insuffisante pour les jeunes entreprises innovantes

C'est au stade où les entreprises de taille intermédiaire (ETI) et les startups (jeunes entreprises innovantes à fort potentiel) ont un besoin particulièrement important de capitaux pérennes et de crédits bancaires de long terme qu'elles rencontrent les plus grandes difficultés à trouver des sources de financement. Les banques de réseau, premier partenaire financier des TPE, sont réticentes à financer des entreprises non cotées au profil risqué, comptant pourtant parmi les plus innovantes, auxquelles les marchés financiers sont encore peu accessibles.

Dans ce contexte, les fonds de capital-investissement représentent une source de financement intéressante pour les petites structures à haut potentiel. Ils leur apportent des fonds en s'endettant, non pour capturer des plus-values immédiates, mais pour construire de la valeur par des prises de participation pour une durée moyenne de cinq ans. Ils interviennent à tous les stades de la vie de l'entreprise, de l'amorçage au rachat. Le capital-risque en particulier, positionné sur le début d'activité, offre la possibilité de réaliser des projets innovants qui sans ses apports ne pourraient voir le jour. Il représente un rouage essentiel pour la création de nouvelles entreprises dans les secteurs technologiques innovants et pourrait, à ce titre, devenir un acteur plus important de restructuration économique. En 2011, le capital-investissement a apporté 10 Mds à plus de 1 600 entreprises.

Les stades d'intervention des fonds de capital-investissement, 2012

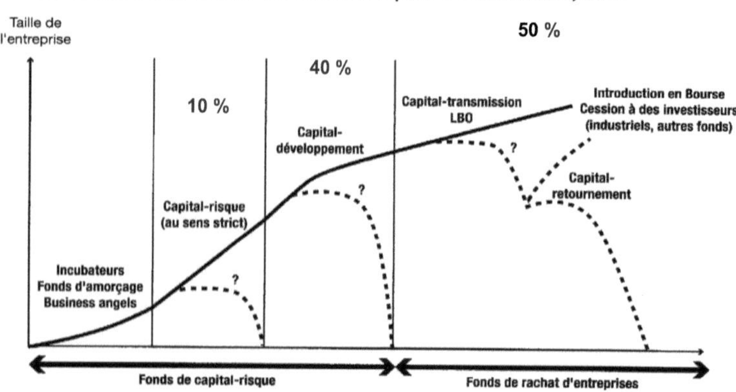

La France est le 3e marché mondial du capital-investissement après les États-Unis et le Royaume-Uni, mais il contribue relativement peu à l'émergence d'activités innovantes et de haute technologie, en raison :

– d'un faible positionnement avant le début d'activité, à l'amorçage et à la création, qui s'explique par la forte présence dans les fonds des banques, des compagnies d'assurance et des personnes privées, ne favorisant pas la prise de risque ;

– d'une part élevée des réinvestissements afin de sécuriser leur taux de rendement de 9 % en 2011. Seules 280 entreprises ont été financées à leurs débuts. Il existe 8 000 investisseurs dits « providentiels » (*business angels*[40]) en France, contre 50 000 au Royaume-Uni ;

– d'une forte concentration en Île-de-France (90 %). L'absence de sociétés régionales de capital-investissement compromet l'apparition de « jeunes pousses » sur l'ensemble du territoire.

Il importe d'assurer une chaîne continue des sources de financement aux entreprises dès l'amorçage. Les fonds existent. L'épargne des ménages français est élevée[41] mais elle est peu injectée dans l'économie, l'essentiel étant destiné aux remboursements d'emprunts et aux produits peu risqués tels que l'assurance-vie qui place ses fonds dans des titres de la dette publique.

Un appui financier public important aux entreprises pour une efficacité relative

Si les GE produisent l'essentiel de la richesse, réalisent la majorité des exportations, des investissements et de l'innovation, ce sont les PME et les ETI qui possèdent le plus fort potentiel de croissance. Leur développement doit être encouragé, d'autant qu'elles rencontrent des difficultés à acquérir une taille critique pour investir et exporter.

40. Les *business angels* sont des particuliers qui acceptent de risquer dans l'entreprise une partie de leur patrimoine, en général dans un secteur d'activité qu'ils connaissent bien.

41. Le taux d'épargne des Français en 2008 équivaut à 15 % de leur revenu brut disponible (RDB), contre 13 % en Espagne, 3 % aux États-Unis et 2 % au Royaume-Uni.

Afin de pallier les difficultés de financement des entreprises, l'État a mis en place des dispositifs aux différents stades de leur développement. Le dernier, le crédit d'impôt pour la compétitivité et l'emploi (CICE) de 2012, abaisse indirectement les coûts salariaux. Il devrait permettre aux entreprises de rétablir leur marge et leur compétitivité-prix, si elles choisissent de réduire le prix de vente de leurs produits et services.

Les aides publiques accordées aux entreprises, y compris les allègements dits « Fillon », représentaient 65 Mds en 2005, et la donne a peu changé en 2012. Les collectivités territoriales leur allouent 6 Mds par an, soit 112 € par habitant. Vu l'importance des sommes en jeu, supérieures au déficit public de la même année, la question de leur niveau au regard de leur impact se pose.

Il existe 5 000 dispositifs d'aides économiques. Un site d'information (http://www.semaphore.cci.fr/) permet aux entreprises de rechercher rapidement les aides auxquelles elles peuvent prétendre, qu'il s'agisse d'un projet de création, de reprise, de développement, d'embauche ou de formation de collaborateurs. Aides d'État[42], aides européennes, aides des collectivités territoriales[43], elles sont si nombreuses qu'un décompte exhaustif est impossible. Les GE en sont les principales bénéficiaires et les PME n'en reçoivent que 9 %.

Les aides d'État doivent respecter les règles fixées par l'UE qui pose le principe de leur interdiction pour ne pas fausser le jeu de la concurrence. À l'exclusion de deux catégories de dérogations (à caractère social aux particuliers et suite à une calamité naturelle) et des aides dites « *de minimis* »[44], tout nouveau régime d'aides aux entreprises doit être notifié à la Commission européenne et approuvé par celle-ci avant sa mise en œuvre, sinon un remboursement avec pénalités peut être exigé.

---

42. Sont considérés comme aides d'État les subventions, les allègements fiscaux, de charges et de taxes sociales, les avances remboursables, les garanties de prêt, les taux de TVA préférentiels, les prêts à taux bonifiés, les prises de participation, la fourniture de biens ou services à des conditions préférentielles, etc.

43. Un exemple de leur nombre : la commune Charbonnat-sur-Arroux (240 hab.), située sur le plateau du Morvan en Bourgogne, compte 594 aides référencées, dont 109 pour la seule création/reprise d'entreprises, incluant 19 aides territoriales.

44. Les aides *de minimis* désignent des aides inférieures à 200 000 € par entreprise sur trois exercices fiscaux, aux zones de restructuration de la défense, aux zones franches urbaines (ZFU), aux zones de redynamisation urbaine (ZRU), aux zones de revitalisation rurale (ZRR) et à la zone franche Corse.

En 2007, la Cour des comptes relevait de nombreux problèmes (empilement de mécanismes voisins, peu d'études d'impact préalables, de contrôles, de suivis et d'évaluations, sinon aucun) et tire un bilan « pour le moins décevant ». Alors que la compétitivité hors prix, que la création d'entreprises innovantes constituent des enjeux économiques déterminants, plus de 40 % des aides portent sur des baisses de charges dans une logique de compétitivité-prix et de maintien d'activités. Ces vingt-cinq ans de financements publics au développement économique n'ont pas intensifié l'investissement des entreprises, et les jeunes entreprises à fort potentiel de croissance peinent encore à trouver des financements.

L'inefficacité patente de l'interventionnisme économique des collectivités territoriales et le coût de gestion supplémentaire qu'il induit pour la nation, de l'ordre de 25 % au minimum des sommes allouées, conduisent à conclure que ces aides relèvent davantage d'une logique de guichet et favorisent les effets d'aubaine. Non seulement les aides économiques sont nombreuses, redondantes et peu coordonnées, mais en plus elles sont distribuées en complète méconnaissance des bénéficiaires, dans une optique court-termiste, sans cohérence ni vision stratégique d'ensemble.

Certaines régions mènent toutefois des actions intéressantes telle la création d'un fonds régional de capital-risque destiné à aider le début d'activité de PME et d'ETI innovantes. D'autres ont choisi d'apporter des capitaux aux fonds de capital-risque régionaux existants.

Bien que la Région soit considérée comme l'échelon pertinent pour l'action économique, bien qu'à ce titre elle soit censée exercer un rôle de coordination en la matière depuis l'Acte II de décentralisation, le département et la commune, disposant d'une compétence générale[45], interviennent majoritairement à hauteur de 60 % des aides économiques, conformément au principe constitutionnel selon lequel « aucune collectivité territoriale ne peut exercer une tutelle sur une autre ».

Il est regrettable, inefficace et financièrement coûteux que l'État, les Régions, les départements, les communes et l'UE agis-

---

45. La clause générale de compétence (CGC) permet aux différents niveaux de collectivités territoriales d'intervenir dans tout domaine.

sent indépendamment, dans une logique de surenchère concurrentielle. Des partenariats[46] et une coordination renforcée entre les acteurs publics et le secteur privé permettraient de servir d'aiguillon au développement économique.

Quoi qu'il en soit, l'interventionnisme d'État a ses limites : finances publiques non extensibles, réglementation européenne, entre autres. Des pistes de financement de long terme sont explorées telles que l'actionnariat salarié et la retraite par capitalisation. En outre, plus les avantages comparatifs d'un territoire sont nombreux et élevés, moins les mesures financières incitatives sont nécessaires. Une réallocation des fonds vers les infrastructures, les équipements, les fonds régionaux et le cadre de vie, qui fournissent les conditions favorables à la compétitivité et à l'émergence de nouvelles activités, serait à long terme plus efficace. Une refonte du système s'avère nécessaire.

Quant aux financements publics destinés à la recherche privée (cf. annexe 4 : « Les financements publics aux activités de recherche des entreprises »), ils se situent aussi parmi les plus élevés des pays de l'OCDE. L'État a modifié ses modes d'intervention pour laisser aux entreprises l'initiative de leur recherche :
– baisse substantielle des financements directs, à tel point que la France se caractérise désormais par une quasi-absence de grands programmes technologiques et de recherche initiés par l'État, alors que les États-Unis, par exemple, engagent d'importants moyens en fonction de lignes directrices déterminées : les biotechnologies avec l'administration Georges Bush et le doublement des crédits de l'Institut américain de santé par l'administration Bill Clinton ;
– hausse des financements indirects, qu'il s'agisse des crédits incitatifs (cofinancements suite à appels à projets de recherche réguliers) laissant à l'État un certain pouvoir discrétionnaire quant aux activités de recherche des entreprises privées qu'il souhaite soutenir, ou qu'il s'agisse des allègements fiscaux, dont le plus important dispositif est le crédit impôt recherche (CIR).

---

46. Certaines collectivités territoriales cofinancent avec des opérateurs privés des concours régionaux d'innovation ou des conférences suivies de rendez-vous pré-programmés entre investisseurs et porteurs de projets.

Résultat : la hausse des cofinancements sur projets de recherche privés engagés ne pallie pas la baisse des contrats public-privé qu'engendraient les grands programmes technologiques (TGV, nucléaire civil, aérospatial, etc.) à l'origine des succès industriels actuels de la France. Aucune stratégie alternative n'a accompagné la privatisation des grands groupes, hormis celle, tardive, de 2004 des pôles de compétitivité. Sans impulsion de l'État, le tissu productif peine à prendre le relais de l'initiative.

En outre, les financements publics destinés à la R&D privée contribuent à développer la phase R (recherche) et non la phase D (développement), indispensable pour créer de la valeur économique et qui demeure un point faible majeur.

Pour conclure, le niveau élevé des financements publics visant à accroître la R&D privée n'a pas permis d'impulser une dynamique d'innovation et d'investissements dans la recherche. Les données macroéconomiques le confirment. Le niveau des dépenses de R&D des entreprises de la France est inférieur à celui des pays avancés et la France se situe au 17e rang mondial en matière d'innovation. À tout le moins, le plus important dispositif incitatif, le CIR, – plus de 5 Mds par an, l'un des plus généreux du monde, le 2e rapporté au PIB des 20 pays de l'OCDE ayant adopté ce mode d'intervention, après celui de la Russie –, a-t-il permis d'éviter la délocalisation des centres de recherche à l'étranger. Aurait-il favorisé l'implantation de nouveaux centres ? Rappelons que seuls 7 % des investissements directs étrangers réalisés en France correspondent à une activité de recherche.

L'État est pourtant en mesure d'inciter les entreprises à investir en R&D et à innover. Pour preuve, aux États-Unis, l'innovation a constitué dès 1982 une priorité avec un programme de recherche et d'innovation destiné aux projets de R&D de PME indépendantes de haute technologie ayant un projet commercial, le Small Business Innovation Research (SBIR). Résultat : la réussite du SBIR américain, qui tient à la continuité des appels à projets et à la concentration des moyens financiers accordés (2 Mds par an dans des petites entreprises innovantes), a permis de lancer 3 000 startups.

Alors pourquoi ce différentiel de résultats ? La question des moyens publics est certes importante mais elle n'est pas une condition suffisante pour que les entreprises investissent et innovent. D'autres facteurs peuvent y contribuer.

Créer un environnement proactif : l'intelligence économique et l'innovation ouverte

Si les plus grandes réussites ne sont pas forcément programmées, elles demandent néanmoins des conditions propices à leur avènement. L'un des pays les plus innovants, la Finlande, se place aussi en tête des palmarès des systèmes éducatifs, montrant par là même la nécessité d'une action conjointe dans le triangle de la connaissance « recherche, enseignement et innovation ». La concurrence internationale s'intensifiant, les mutations économiques s'accélérant au rythme des découvertes scientifiques et des avancées technologiques toujours plus rapides, les obstacles au développement des entreprises doivent être levés.

La croissance dépend de facteurs visibles telle la structure sectorielle du tissu productif, mais aussi, et de plus en plus, de facteurs « invisibles », à savoir l'ensemble institutionnel, le capital humain et les ressources financières. Les entreprises localisent leurs activités là où le marché est dynamique, là où il existe une stabilité économique et politique, une qualité des infrastructures, dont les télécommunications, un coût du travail compétitif et une disponibilité du travail qualifié.

Or, en matière de « climat des affaires », la Banque mondiale place la France au 34ᵉ rang mondial dans le classement « Doing Business 2013 » en raison d'un droit du travail jugé trop rigide et d'un système d'emploi trop coûteux, malgré de solides atouts reconnus que sont la taille de son marché, intégré au premier marché mondial, l'UE, ses infrastructures de transport, de logistique et de communication, la formation et la qualification de ses salariés. (cf. annexe 5 : « Les dispositifs visant à lever les obstacles à la croissance »).

Le crédit d'impôt pour la compétitivité et l'emploi de 2012 ainsi que la loi sur la flexibilité et la sécurisation de l'emploi de 2013 sont la réponse gouvernementale aux critiques portées sur le marché du travail de la France, son coût et sa rigidité. Le premier réduit indirectement les coûts salariaux. La seconde permet aux entreprises d'adapter lesdits coûts aux fluctuations conjoncturelles d'activité. Ces deux actions visent donc à rétablir la compétitivité-prix des entreprises françaises. C'est du moins ce qui en est attendu.

Dans un monde où détenir une bonne information, c'est détenir un avantage compétitif, l'intelligence économique (IE)[47] est devenue un outil stratégique essentiel. L'information est devenue une matière première indispensable pour produire, vendre et innover. L'État a dans ce domaine un rôle proactif majeur à exercer. Des instances nationales placées auprès du Premier ministre telles que le Conseil d'analyse de la société créé en 2004 et le Conseil d'analyse stratégique (CAS) créé en 2006 (ex-commissariat général du Plan) sont des aides à la prise de décision politique, mais peu sont destinés aux entreprises.

La première politique publique de l'IE remonte à 1995 avec la création du Comité pour la compétitivité et la sécurité économique placé auprès du Premier ministre, Édouard Balladur, et dissout après son départ. Il faudra attendre 2003 pour que soit instituée une autre structure placée auprès du secrétariat général de la Défense nationale. Mais il convenait de sortir du strict domaine de la sécurité, de la protection et du renseignement. Cette structure devint ainsi en 2009 la délégation interministérielle à l'intelligence économique (DIIE) placée auprès du secrétariat général du ministère de l'Économie et des Finances avec trois missions : veille stratégique qui facilite la prise de décision des acteurs publics en matière économique (redondance avec le CAS ?), soutien à la compétitivité des entreprises et au transfert technologique des centres de recherche (redondance avec les sociétés d'accélération du transfert de technologies ou SATT créées à cet effet) et garantie de leur sécurité économique.

---

47. Le terme *intelligence* signifie en anglais « renseignement ». Elle comprend un volet défensif de protection et de maîtrise de l'information sensible visant à assurer la sécurité de l'État, des établissements de recherche et des entreprises stratégiques et un volet offensif de collecte, de traitement et d'analyse de l'information visant à renforcer la compétitivité des entreprises. Elle inclut les activités de gestion de portefeuille d'actifs intellectuels, de veille concurrentielle telle l'optimisation du référencement d'un site interne ou la détection d'une orientation future de marché. Un exemple : le plan Intelligence économique de la région Basse-Normandie a permis la réalisation au profit du pôle de compétitivité « Filière équine » d'une étude comparative des forces et des faiblesses de la filière française par rapport à ses concurrents étrangers.

Les deux points faibles de la France demeurent la protection de l'information sur le plan défensif et, sur le plan offensif, la valorisation de la recherche. De nouvelles activités d'intermédiation, de nouveaux métiers et formations apparaissent dans ce domaine. Recherche, collecte, gestion, protection et alerte, l'IE prend différentes formes d'action : diffusion d'analyses sur un thème ou un secteur[48], prestations sur mesure par des intermédiaires de gestion de portefeuille d'actifs intellectuels, analyses de marché ou veille concurrentielle telles l'optimisation du référencement d'un site internet ou la détection d'une orientation future de marché. Une e-revue de presse, *Regards du monde sur l'économie française*, pourrait être proposée aux entreprises en matière de veille, d'anticipation et de positionnement international économiques.

Si l'intelligence économique contribue à la compétitivité de l'économie et l'innovation technologique, elle joue un rôle d'entraînement sur de nombreuses branches d'activité, les innovations organisationnelle et commerciale jouent aussi un rôle moteur.

L'innovation résulte de plus en plus d'une coopération entre entreprises, laboratoires de recherche, marchés et société civile. Des structures porteuses se créent tels les incubateurs[49] et les récents *fab labs,* laboratoires apparus aux États-Unis en 2008, qui mettent à disposition du public (étudiants, entrepreneurs, designers, etc.) du matériel de haute technologie pour les aider à réaliser leur projet. Douze *fab labs* sont dénombrés en France en 2012. Certains grands groupes nouent des partenariats, y compris avec des startups. Veolia Environnement, par exemple, propose à de jeunes entités innovantes sa capacité industrielle pour tester un prototype ou une application avec un accord de

---

48. Une illustration avec l'Institut national de la boulangerie-pâtisserie (INBP) : bien qu'exerçant principalement une activité de formation continue, l'institut a mis en place un « pôle d'innovation » qui joue un rôle de veille économique, servant d'interface entre le milieu de la recherche et les entreprises par la diffusion d'études et d'analyses du secteur, de brochures, de lettres d'information sur les avancées technologiques, utiles pour informer les TPE plutôt isolées des innovations et des évolutions de la branche et les alerter sur les enjeux. Il contribue ainsi à la modernisation du tissu productif.

49. Un incubateur a pour mission de détecter, d'accueillir, de conseiller et d'accompagner les projets de création d'entreprises innovantes. Alors qu'une pépinière héberge de jeunes entreprises, fournit des services matériels et assure un suivi évolutif aux nouvelles entreprises.

commercialisation. Autre exemple, la firme Procter & Gamble : la moitié des nouveaux produits résulte de son réseau d'entreprises partenaires.

L'internet[50] est aussi un vecteur de l'innovation. Il permet aux entreprises de consulter et d'associer un grand nombre de personnes. Cette forme d'innovation dite « ouverte » (*open innovation*) se développe rapidement et peut pallier, en partie, deux faiblesses françaises : la transformation de ses découvertes en produits (ou services) et la commercialisation. Orientée sur le D de la R&D, l'innovation ouverte est souvent incrémentale. Cet atout est aussi sa limite. La capacité de constituer des réseaux d'acteurs et de créer de l'émulation caractérise les écosystèmes d'innovation performants, dont le plus renommé est celui de la Silicon Valley, qui a contribué à l'essor de la région et à celui d'un marché mondial de nouvelles technologies[51].

2. Une impulsion donnée aux pôles économiques au sein d'une Union européenne renforcée

La réussite des écosystèmes tient autant aux moyens engagés qu'à la densité des intermédiaires de toute nature qui facilitent la circulation des idées et renforcent les liens ainsi que l'esprit d'entreprise. En vue d'intensifier cette logique de réseaux, depuis le début des années 2000, jamais autant de mesures n'ont été prises en France. Agences dédiées, crédits incitatifs, pôles économiques, pôles d'innovation et pôle de recherche et d'enseignement sont mis en place à un rythme cadencé.

50. L'internet permet aux entreprises de poser des problèmes en ligne de façon professionnelle et de rémunérer les propositions retenues ou de demander au consommateur de participer à la finition d'un produit. Les entreprises combinent ainsi offre commerciale adaptée, lien social régulier, innovation et créativité.

51. Avant la Seconde Guerre mondiale existait dans la vallée une petite industrie de l'électronique. Ce sera l'État fédéral qui la transformera en un pôle manufacturier de composants à base de silicium (*silicon*) en devenant le principal client de technologies novatrices par l'intermédiaire du ministère de la Défense pendant plus de vingt ans (1950-1970). Attirés, les ingénieurs s'y installèrent, puis quittèrent leur emploi pour constituer leur propre entreprise. En tant que fournisseur de l'armée américaine, la vallée obtint d'importants financements de l'État fédéral à la recherche et aux universités, qui créèrent des fonds de soutien à l'innovation.

La politique territoriale de compétitivité

Les pôles de compétitivité (*clusters*[52]) sont lancés en 2004 dans une logique offensive d'appels à projets réguliers de R&D, à l'inverse des pôles de croissance économique initiés en 1986 et des systèmes productifs locaux (SPL) de 1997, constitués dans une logique défensive d'adaptation de l'appareil productif.

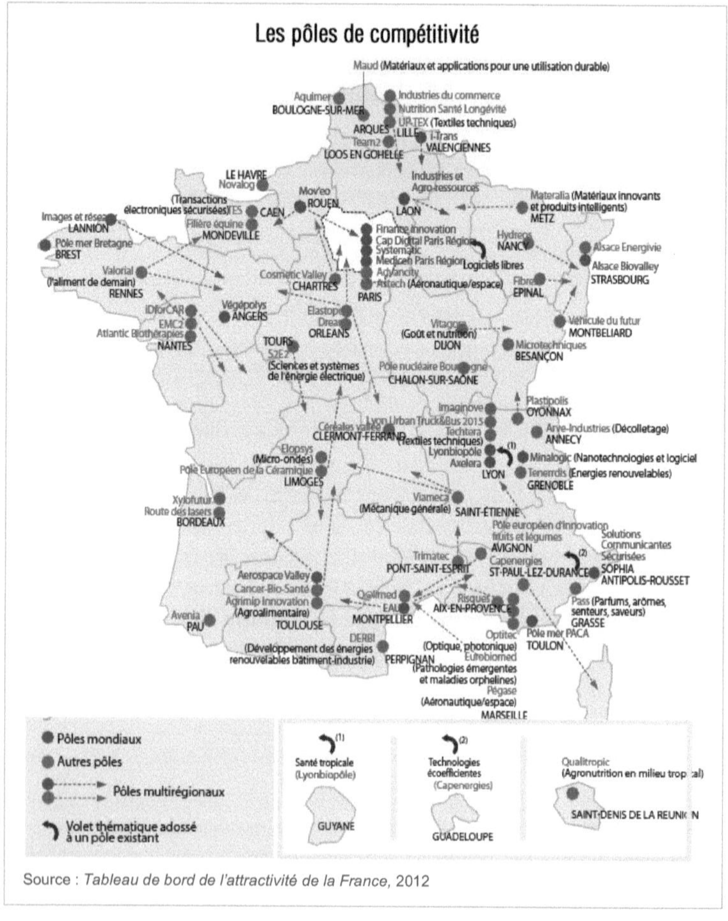

Source : *Tableau de bord de l'attractivité de la France*, 2012

52. Les *clusters* (grappes) désignent une concentration géographique d'entreprises et de centres de recherche d'un même secteur d'activité partageant une stratégie commune. Le *cluster* peut disposer d'une structure porteuse dédiée.

Plutôt que d'intervenir dans une logique de plan ou de filière, une véritable territorialisation de la politique économique s'est enclenchée depuis le début des années 2000 (cf. annexe 6 : « Les pôles économiques et d'innovation » et « Les pôles de recherche et d'enseignement supérieur »), selon lequel le territoire décloisonne les structures, incite à coopérer et fédère.

L'objectif est de mettre en synergie les acteurs du « triangle de la connaissance » (industrie, recherche, formation) autour d'un projet commun de développement sectoriel. À titre d'exemple, le pôle de compétitivité « Route des lasers » en Aquitaine, labellisé en 2005, vise à optimiser les retombées de l'implantation de deux méga-instruments de recherche scientifique, le laser Mégajoule, qui sera l'un des deux plus grands lasers du monde, et le laser Petawatt sur le site du CEA. Les 65 entreprises ainsi rassemblées, dont de grands groupes leaders mondiaux sur leurs marchés comme EADS Astrium et SAGEM Défense Sécurité, les 24 start-ups, les centres de recherche et les établissements de formation, dont les universités de Bordeaux. Cet écosystème entend devenir un pôle mondial en matière d'applications industrielles des lasers (dans les télécommunications, le médical, l'espace et l'imagerie, par exemple) et dans la recherche sur les lasers de puissance. Fort de cette assise en matière industrielle et de recherche, il a pour autre objectif de devenir le leader en formation sur les lasers et l'optique.

De la création des pôles de compétitivité à fin 2011, plus de 1 200 projets collaboratifs de R&D ont reçu un appui financier de l'État (2,2 Mds), concentrés pour moitié sur 8 pôles[53] – début 2013, 71 pôles sont labellisés. Les principaux domaines d'application soutenus sont les TIC, les transports hors aérospatial et les écotechnologies.

Mais, à vouloir tirer tous les territoires en fonction de leurs spécificités, à vouloir concilier trop souvent politique de compétitivité et politique d'aménagement territorial, la portée de ces dispositifs s'en trouve pour le moins limitée. Quelque huit ans après leur création, le bilan révèle une inefficacité patente : les pôles représentent 1,5 % des brevets déposés, 5 % des dépenses de R&D et

---

53. Les huit pôles sont par ordre décroissant des fonds reçus : Aerospace Valley, Systematic, Minalogic, Cap digital Paris Region, Images et Réseaux, Solutions communicantes sécurisées, Medicen Paris Region, Industries et Agro-Ressources.

des créations d'entreprises innovantes en France. Il faut en outre ajouter le coût de gestion qu'ils génèrent.

Non que leur constitution soit à remettre en cause. Au contraire, c'est parce que cette politique n'a pas été appliquée jusqu'au bout de sa logique de compétitivité que les résultats sont décevants. Une réorientation s'avère nécessaire afin de remédier :
1) à une dispersion territoriale, alors que la concentration est un atout surtout en matière de recherche et d'innovation puisqu'elle intensifie les interactions entre les acteurs institutionnels, économiques, financiers et de formation ;
2) au risque de transformer certains pôles en « usines à projets » visibles et mesurables au détriment des relations ;
3) à leur faible positionnement sur les secteurs d'activité à fort potentiel, alors qu'ils étaient censés entraîner l'économie régionale vers ces secteurs ;
4) à l'orientation des projets qui concernent davantage la recherche que l'innovation, laquelle constitue l'un des principaux points faibles de l'économie française.

In fine, la politique territoriale de compétitivité correspond à un empilement de dispositifs mis en place au cours des années 2000 dans un souci d'aménagement du territoire : un pôle de compétitivité par région ou presque, alors même que les Régions tentent de fusionner avec des départements, tels l'Alsace et les départements du Bas-Rhin et du Haut-Rhin et la Bretagne avec la Loire-Atlantique, puis, pour ne pas oublier les territoires ruraux (disposant encore d'un poids électoral certain), un semis de pôles d'excellence ruraux, et puis, pour ne pas écarter les territoires d'industries traditionnelles, les « grappes d'entreprises », et puis, et puis il en résulte des retombées économiques et une lisibilité internationale quasi nulles.

Malgré l'esquisse d'une hiérarchisation entre les dispositifs, cette politique visant la compétitivité n'a pas pris le relais de la politique des grands programmes. Telle que définie, elle n'est pas une stratégie nationale de long terme en raison d'une dilution des moyens et d'une profusion des secteurs d'activité.

Lorsqu'une politique est décidée, la raison pour laquelle elle l'est doit primer. Lorsqu'il s'agit d'une politique de compétitivité, la compétitivité doit guider sa mise en place. Il importe de définir des priorités et de s'y tenir, au risque de mécontenter certains élus territoriaux dont la première mission devrait être l'efficacité des systèmes et l'intérêt général national.

Il est temps de séparer la politique d'aménagement du territoire de celle de compétitivité. Il est temps de délier le politique à mandat national, en particulier les membres du Gouvernement et les députés, du territoire pour l'intérêt de la nation et éviter les conflits d'intérêts. À vouloir tirer tous les territoires vers une économie performante, ce qui arrive, après une décennie de mise en œuvre des pôles économiques, c'est un coût financier conséquent pour la nation pour peu de résultats. Le nombre trop important des pôles, qui forçait à diluer les moyens et à renoncer à des priorités stratégiques, avait dès le départ été dénoncé.

Il serait néanmoins très incomplet de s'arrêter sur les points faibles de cette politique de compétitivité. Elle montre en effet que la France a su se positionner dans des filières d'avenir et qu'elle est riche d'une expertise, d'une diversité de savoirs et de savoir-faire dans de nombreux domaines innovants et de haute technologie.

Sept exemples de projets finalisés issus des pôles montrent l'excellence scientifique et technologique de la France :
– Garicc, une production optimisée de blé dur tolérant la sécheresse, moins consommateur d'engrais et de meilleure qualité nutritionnelle (pôle Qualiméditerranée, Languedoc-Roussillon) ;
– Géowine, un code unique sur une bouteille permet au consommateur en quelques clics sur l'internet depuis un *smarthphone* ou un PC de remonter jusqu'à la parcelle de production du vin, de connaître le vigneron (Agrimip Innovation, Midi-Pyrénées) ;
– Femtoplus, un laser « femtosecondes » de nouvelle génération pour le micro-usinage de précision, le marquage de matériaux, la chirurgie de l'œil (ALPhA - Route des Lasers, Aquitaine) ;
– Microvax, un nouveau système d'injection de vaccin intradermique avec une micro-aiguille pour le confort du patient et une utilisation facilitée (Lyonbiopôle) ;
– Itis, de nouvelles méthodes de capture du poisson pour une pêche ciblée en utilisant des données d'origine acoustique sur la qualité du poisson et les paramètres de son environnement (Mer Bretagne) ;

– Isis, une solution innovante de chirurgie laparoscopique par incision unique de l'ombilic (Alsace Biovalley) ;
– Pravic, des protéines recombinantes à visées immunologiques et anticancéreuses (Lyonbiopôle).

Le territoire est désormais appréhendé comme un système interactif entre laboratoires de recherche, centres de formation et entreprises, capable d'apporter de nouvelles connaissances et des innovations, capable aussi d'intégrer rapidement celles venues d'ailleurs. Il est le lieu d'un projet collectif non plus défini *top-down* par les instances étatiques mais conçu *bottom-up* à partir des acteurs locaux.

La réussite durable d'un territoire dépend autant de la densité que de l'intensité des échanges, comme le montrent les deux principales concentrations technologiques mondiales que sont la Silicon Valley en Californie et la Route 128 près de Boston. L'une, la Route 128, pourtant dotée des prestigieux MIT et Harvard, est moins performante que la Silicon Valley, en raison d'une organisation plus traditionnelle, hiérarchique et cloisonnée ainsi que d'un degré d'interconnexion plus faible. Le territoire du XXIe siècle est ouvert, accessible et connecté aux réseaux internationaux. D'où le concept de « territoire créatif » produisant un « effet synapse ».

Nouveau contexte, nouvelle gouvernance : Europe 2020

L'UE dispose d'une puissance de recherche et d'innovation inégalée. Malgré des structures et des programmes européens mondialement reconnus pour leur excellence, il n'existe pas de véritable Europe de la recherche et de l'innovation. L'émergence de nouvelles puissances scientifiques et technologiques, au premier rang desquelles la Chine, force l'UE à pallier la fragmentation de ses systèmes.

Face à la progression rapide des pays émergents, l'UE place la politique de recherche et d'innovation au cœur de sa stratégie Europe 2020 pour une « croissance intelligente, durable et inclusive ». L'objectif est d'accroître la compétitivité de l'Europe et de créer un espace européen de la recherche (EER).

Alors que la construction européenne a débuté en 1951 avec la Communauté européenne du charbon et de l'acier (CECA) visant, entre autres, la modernisation de la production, l'Europe de la recherche se construit par strates successives, très progressivement, et dans un petit nombre de domaines. Les dispositifs se superposent ainsi sans véritable cohérence. (cf. annexe 7 : « Les politiques nucléaire et spatiale européennes » et « Les dates clefs de la politique de recherche et d'innovation de l'UE »).

Toutefois, deux processus décisionnels permettent des avancées significatives :
– le premier est intergouvernemental. Ce sont des initiatives et des accords-cadres qui créent des structures européennes de recherche telles que le Conseil européen pour la recherche nucléaire (CERN) et l'Agence spatiale européenne (ESA en anglais) mondialement reconnus pour leur excellence ;
– le second est communautaire. C'est un programme-cadre de recherche et d'innovation « Horizon 2020 », pour la période 2014-2020, visant à remédier à la faiblesse structurelle de la R&D privée en Europe et à resserrer le lien entre recherche et innovation. Sa mise en œuvre s'effectue selon la méthode *bottom-up* d'appels à projets dans le cadre programmatique défini. Il vise moins à créer une véritable Europe de la recherche qu'à mettre en réseau les acteurs nationaux de la recherche et de l'innovation, ainsi qu'à renforcer les collaborations.

La méthode communautaire choisie par l'UE est celle des appels à projets de R&D et d'innovation. La logique de réseaux prime celle des moyens financiers. Le budget européen est en effet dans ce domaine modeste au regard des enjeux. À titre de comparaison, l'UE alloue 145 Mds sur cinq ans (2007-2013) aux projets des 27 États membres, quand l'État français, seul, alloue à la recherche *a minima* 20 Mds par an.

Dès lors, l'efficacité d'un tel système de recherche et d'innovation européen est questionnée. La réponse vient de l'UE elle-même : « Il est essentiel et urgent de simplifier les programmes de recherche et d'innovation afin de remédier à l'actuelle complexité des financements qui entraîne une charge administrative excessive et décourage les bénéficiaires potentiels. » Une mise en réseau avec de faibles moyens peut-elle réussir à construire de la valeur, à créer une Europe de la recherche compétitive ? L'on peut en douter.

Trop de dispositifs créent de la confusion et dissuadent les acteurs de toute action collaborative. À titre d'exemple, l'insertion de la France dans les appels à projets des programmes européens est relativement faible. Seulement 12 % des financements alloués par les programmes européens lui sont destinés. Bien que les équipes françaises soient présentes dans la moitié des projets, elles n'en coordonnent que 12 %, en particulier dans le nucléaire, l'aéronautique et le spatial. C'est la multitude des appels à projets nationaux mis en place à compter du début des années 2000 qui explique pour partie cette faible participation dans les réseaux de R&D européens. Les acteurs nationaux de la recherche et de l'innovation ne sont en effet pas incités à rechercher les financements européens correspondants et ne disposent tout simplement pas du temps nécessaire pour répondre et aux appels à projets nationaux et aux appels européens.

Les activités européennes de recherche demeurent largement réalisées dans le cadre national, à l'exception notable de l'espace, de la physique des particules, de l'astronomie et de l'aéronautique civile qui requièrent une taille critique. Le processus intergouvernemental est à l'origine des succès européens de la recherche et de l'innovation. Le processus communautaire n'a jusqu'à présent pas permis de créer une fédération de la recherche ; ses cofinancements de projets sont modestes et se diluent auprès de 27 États membres (28, à compter du 1er juillet 2013) pour des résultats peu probants.

Trois États membres réalisent 60 % des dépenses de R&D de l'UE : l'Allemagne, la France et le Royaume-Uni. La part de la recherche financièrement mutualisée est faible, à peine 15 %, alors que les domaines plus récents des biotechnologies, des TIC et des nanosciences demandent une mutualisation des équipements, des infrastructures et des compétences. Ce qui explique le retard européen, principalement par rapport aux États-Unis.

Consciente que la recherche et l'innovation constituent un enjeu européen de premier ordre, la présidence française de l'UE en 2008 avait pour thème central : « La science au service de la société ». Selon les termes de la Commission européenne, la recherche et l'innovation sont des priorités de la stratégie

Europe 2020. Cela se traduit relativement peu dans le cadre financier pluriannuel de 2014-2020 pour l'UE-28[54].

Le programme-cadre de recherche et d'innovation Horizon 2020 représente le 3e budget de l'UE (80 Mds), mais, comparé aux deux premiers budgets, il semble encore bien faible : 350 Mds alloués à la politique de cohésion économique, sociale et territoriale et 330 Mds à la politique agricole commune (PAC), la seule politique intégrée.

Trois priorités sont pourtant définies : conforter l'excellence scientifique européenne, assurer la primauté industrielle de l'Europe dans le monde et répondre aux défis de société. Malgré une hausse significative des financements par rapport à la programmation précédente, le budget demeure en deçà de l'urgence. Or, les moyens, c'est maintenant ; 2020, c'est demain !

Des organismes et des programmes communs permettent d'obtenir des résultats que les États membres seuls ne pourraient atteindre. En fédérant les forces nationales sans pour autant s'y substituer, l'UE est la seule entité en Europe capable de rivaliser avec les autres grandes puissances.

Pour réaliser une Europe de la recherche, constituer des pôles d'excellence transnationaux de renommée mondiale, une réelle volonté politique et une collaboration plus étroite sont nécessaires. L'UE dispose d'une renommée internationale pour sa recherche scientifique ainsi que d'une expérience unique et éprouvée de collaborations scientifiques. Trois exemples montrent qu'elle est en mesure de mettre en synergie les moyens et les structures de la recherche du monde entier, d'impulser et de soutenir des coopérations internationales.

Le projet International Thermonuclear Experimental Reactor (ITER) illustre la capacité de l'UE de mobiliser la communauté internationale scientifique autour de projets innovants à enjeu mondial, de fédérer les nations, États-Unis, Japon, Canada, Suisse, Russie, Corée du Sud, Chine et Inde, afin de répondre à l'épuisement des énergies fossiles qui couvrent 80 % de la consommation d'énergie dans le monde. ITER (*iter,* « chemin ») est la première étape en vue du déploiement industriel d'un réac-

---

54. Les montants indiqués sont à prix courants et doivent faire l'objet d'une phase finale de négociation le 13 mai 2013.

teur de fusion nucléaire prévu d'ici à 2070-2080. Ce projet collaboratif résulte de la persévérance de l'Union et de son expérience forte de soixante années de coopération et pourrait ouvrir la voie à d'autres coopérations, notamment pour des enjeux mondiaux.

En 2008, une nouvelle forme de collaboration intergouvernementale est créée : la programmation conjointe des activités de recherche pour des enjeux sociétaux. La première initiative est lancée en 2009. Elle concerne les maladies neurodégénératives, notamment la maladie d'Alzheimer. Autre coopération scientifique, créée pour la période 2009-2013, le « partenariat pour la lutte contre le cancer », la 2e cause de décès en Europe (3,2 millions de cas de cancer détectés chaque année) après les maladies cardiovasculaires. À défis européens, mobilisation européenne.

Enfin, l'accélérateur de particules LHC (Large Hadron Collider, Grand Collisionneur de hadrons) du CERN, appelé « collisionneur », le plus grand, le plus puissant du monde, étudie ce qui se passe lorsque les particules fondamentales entrent en collision dans un anneau de 27 km de circonférence situé à 100 m sous terre près de la frontière franco-suisse et de Genève. Les physiciens appréhendent ainsi les lois de la nature.

Entre son lancement en 1996 et la première mise sous tension, dix ans de collaboration internationale de la recherche et de l'industrie ont été nécessaires. Bien que la plus grande partie du LHC ait été produite en Europe, le CERN a invité des laboratoires de physique des particules du monde entier à s'associer à sa construction : Inde, Canada, États-Unis, Russie et Japon.

Pendant les quinze prochaines années, sept expériences réuniront des scientifiques d'instituts du monde entier pour analyser les données des collisions produites par les détecteurs de particules du LHC installés à l'intérieur d'énormes cavernes situées le long de l'anneau. Ces détecteurs ont été bâtis sans autorité affirmée, sans contrats, sans règles contraignantes, mais avec une volonté de chercheur et un document servant de guide, n'ayant ni valeur juridique ni pénalités de retard prévues. Il précisait la répartition des missions et matériels que chaque organisme membre de la collaboration devait produire. Cette souplesse, aussi bien du cadre que de l'action partenariale, est essentielle pour ne pas « entraver la circulation des idées et les capacités d'invention ». Or, la recherche scientifique de la France fait de plus en plus l'objet d'un encadrement rigoureux.

Ces exemples montrent que les équipes de recherche nationales qui fédèrent leurs savoirs et leurs compétences parviennent à de grandes réussites. Faire de l'UE une puissance de recherche et d'innovation requiert moins d'instaurer une politique commune que de mettre en synergie les structures et les équipes nationales, riches de leurs expertises singulières, sur des projets et des thématiques répondant à des enjeux européens et mondiaux.

Une plus grande européanisation de la recherche fondamentale et finalisée s'avère nécessaire, en particulier dans des domaines comme les TIC, les transports, la santé, l'agriculture et l'énergie.

CONCLUSION

Entre 1960 et 1990, l'industrie s'est déconcentrée, les centres publics de recherche se sont redéployés et de nombreux établissements d'enseignement supérieur ont été créés pour répartir territorialement l'offre. Les territoires disposent désormais d'un tissu productif étoffé ainsi que d'infrastructures et de grands équipements collectifs. Toutefois, ils peinent à prendre le relais d'un système autrefois centralisé, fondé sur de grands programmes qui ont donné naissance à des firmes devenues les leaders mondiaux de leur secteur.

Les entreprises françaises et les collectivités territoriales sont moins rompues que leurs homologues anglaises, américaines ou allemandes à coopérer et définir une stratégie de long terme. Les territoires étaient habitués à se positionner par rapport à Paris. Les investisseurs régionaux en capital-risque manquent, les réseaux commencent seulement à se mettre en place et la collaboration entre recherche, enseignement, créativité et économie reste faible. Les forces d'agglomération sont encouragées par la politique de compétitivité qui multiplie les dispositifs, mais sont contrariées par une volonté d'aménagement du territoire visant l'équité. Pourtant, les ingrédients de la compétitivité et de l'excellence sont présents. Le potentiel existe.

L'Union européenne, au système certes complexe mais respectueuse des spécificités de chaque nation, cherche encore à se définir. Elle pourrait devenir une puissance mondiale économique, scientifique, technologique, financière, politique et culturelle. Pour ce faire, la volonté de ses États membres est nécessaire. Avec l'émergence des blocs économiques de la Chine, de l'Asie du Sud-Est, de l'Inde, du Brésil et de la Russie, elle en a l'ardente obligation pour les intérêts à long terme de ses États membres.

CONCLUSION DES TROIS LIVRES

La nouvelle donne économique et financière pourrait infléchir le système redistributif de la France. Dans un contexte international devenu très concurrentiel, il ne peut y avoir durablement une qualité de vie sans une économie vigoureuse assurant des ressources stables et pérennes, sans progrès scientifiques et technologiques.

Le centre de gravité s'élargit à l'Asie et à l'Amérique du Sud. Les quelque 30 000 grands groupes mondiaux qui réalisent un tiers du PIB mondial et les deux tiers du commerce international partiront s'installer là où la croissance est forte, là où la demande est dynamique.

La guerre économique, multinationale – États-Unis, Europe et Asie –, a remplacé la guerre froide, bidimensionnelle entre les États-Unis et l'URSS. Dans cette nouvelle configuration, la France semble reculer sur les plans politique, économique et culturel. Serait-ce dû à la forte croissance des pays émergents qui, *ipso facto*, entraîne le recul des pays développés ? Ou s'agirait-il d'un réel repli de la France ? Les deux sans doute.

Pays désormais plus suiveur que moteur, elle ne parvient plus à être à l'avant-garde du progrès et des grandes avancées internationales, y compris des systèmes politiques, sociaux ou des courants philosophiques. La plupart des débats d'idées, des grandes pensées et des modèles viennent désormais d'ailleurs, des États-Unis, du Japon, des pays de l'Europe du Nord ou de l'Allemagne, chacun servant d'exemples dans des domaines précis. Qu'en est-il de la France ? La réponse est peut-être à trouver dans sa propre construction. La France a essayé de nombreux régimes politiques, monarchique, dictatorial et démocratique, et expérimente depuis peu, avec vingt-six (vingt-sept à compter du 1er juillet 2013) de ses consœurs européennes, une forme politique et un mode de gouvernance inédits. Cette expérience lui fait rejeter toute forme d'autoritarisme.

La force de la France réside dans une culture à la confluence de plusieurs autres, dans un désir de grandeur mêlé d'un profond besoin de justice. Dans cette économie-monde, la France dispose d'atouts considérables liés à ses expérimentations et à sa vision d'une humanité souveraine.

Terre de culture, héritière des Lumières, la France, malgré de multiples conflits dévastateurs, possède une longue tradition humaniste, un sens profond de la liberté et des droits de l'Homme. Elle a su devenir une nation unitaire et solidaire, économiquement avancée, au niveau de vie figurant parmi les plus élevés du monde.

Oui, la France n'exerce plus une prédominance scientifique, technologique et culturelle. Oui, la France n'est plus à l'avant-garde du progrès. Oui, la France n'occupe plus la place qu'elle occupait hier. Faut-il le déplorer ? Non, le monde a changé, et elle avec lui.

Il ne s'agit pas de rivaliser avec les États-Unis, la Russie ou la Chine, aux dimensions incomparables. Le monde est devenu multipolaire. Le règne d'une puissance dominante s'achève pour laisser place à l'échange et à la coexistence de plusieurs nations ou formations politico-territoriales telles que l'UE. La domination d'une grande puissance ne correspond plus aux exigences de ce siècle. C'est valable pour les États-Unis, ce sera valable pour la Chine. Une nouvelle ère mondiale s'ouvre où une civilisation s'esquisse sans lieu de référence central.

La France est à un tournant de son histoire. Elle doit affronter les défis du commerce international, de la cohésion sociale, de l'éducation, de la recherche, de l'innovation, de la créativité, autour d'un projet qui propose une alternative au tout économique, comme au tout financier, en replaçant l'homme au cœur du système pour faire société. Sans projet fédérateur, politique et culturel, la France s'effacera du monde.

La France dispose d'un patrimoine naturel et culturel exceptionnel, de vastes territoires dans le monde entier, y compris maritimes, d'une vitalité culturelle, d'importantes capacités humaines et de grands groupes leaders mondiaux. Mais les Français ont peu confiance en son avenir et ses atouts sont insuffisamment promus, y compris par la classe politique toujours prompte à la critique. Jamais il n'y a eu autant de décisions, de plans de relance, de réformes, de dispositifs pour une efficacité qui reste à prouver. Cela est d'autant plus étonnant pour le pays du cartésianisme.

Il importe que l'intérêt national ne relève pas de la seule compétence de l'État, mais d'une responsabilité partagée entre acteurs territoriaux, publics comme privés, économiques, financiers et culturels.

Le mandat que la population donne aux élus chargés de la représenter ne doit pas se traduire par un retrait. Un projet national au service d'une stratégie à long terme pour relever les défis de la mondialisation et du progrès ne peut réussir qu'à condition d'y associer la population et de l'informer des principaux enjeux.

ANNEXES

<u>Annexe 1 (cf. p. 26)</u>

Les trois types de recherche

• La recherche fondamentale ou académique

Son but est d'élargir la connaissance humaine sur les lois de la nature, sans souci *a priori* ni d'une utilisation particulière ni d'une idée précise d'application. Elle débouche sur des découvertes diffusées dans des thèses ou dans des revues spécialisées. En raison du caractère aléatoire et lointain des recettes qu'elle est susceptible de générer, elle relève surtout du secteur public.

• La recherche appliquée

Elle vise à lancer des produits et des procédés innovants ou à améliorer ceux qui existent. Elle débouche sur des inventions brevetables. Elle relève surtout du secteur privé.

• Le développement expérimental

Il comprend tous les travaux nécessaires pour aboutir au prototype qui débouche sur des applications directes. Il correspond à la phase de préindustrialisation et à la phase initiale de l'innovation. Il relève surtout du secteur privé.

La répartition financière

Les dépenses de recherche relèvent en France à :
– 63 % des entreprises, une part faible qui néanmoins progresse ;
– 37 % des administrations, une part élevée qui baisse depuis vingt ans.
Sont également distinguées la part civile et la part militaire. Cette dernière a chuté depuis 1992 de 20 % à 6 % de la DIRD, une part inférieure à la moyenne dans les pays de l'OCDE, qui s'établit à 11 %.

Annexe 2 (cf. p. 27)

Les structures de la recherche publique

• **Les organismes publics** (53 % de la DIRDA, DIRD des administrations) :
– 9 EPST (établissements publics scientifiques et techniques) dont l'excellence est mondialement reconnue. Les plus importants sont le CNRS (pluridisciplinaire), l'Inra (agronomie), l'Inserm (recherche médicale) et l'Ined (études démographiques) en sciences humaines ;
– 14 EPIC (établissements publics à caractère industriel et commercial), les plus importants étant le CEA (nucléaire, énergies atomique et alternatives), le CNES (spatial), l'Onera (aérospatial), le Cirad (agronomie) et l'Ifremer (mer) ;
– plusieurs fondations et associations de recherche biologique et médicale dont les plus connues sont l'Institut Pasteur (prévention et traitement des maladies), l'Institut Curie (cancérologie) et l'ANRS (recherche sur le sida).
• **Les établissements d'enseignement supérieur,** y compris les CHU, centres hospitaliers universitaires (36 % de la DIRDA) :
– 79 universités, dont trois de technologie. Affectées surtout à l'enseignement (12 000 doctorants chaque année), elles ont pour objectif de développer la recherche scientifique et technique et d'en valoriser les résultats. Chaque université détermine sa propre politique de recherche ;
– les grandes écoles : Polytechnique avec 24 laboratoires de recherche, Centrale avec 9, et 70 écoles d'ingénieurs comprenant des laboratoires dont certains sont importants et réputés tels ceux des Mines de Paris (20 laboratoires) et des Ponts ParisTech.
• **Le ministère de la Défense** (6 % de la DIRDA), notamment dans la construction aéronautique et spatiale.

La recherche fondamentale représente la moitié de la dotation budgétaire, notamment en sciences du vivant, sciences humaines et sociales, les grands programmes 20 % et les crédits incitatifs 12 %. La recherche publique finalisée est spécialisée dans la santé et l'agriculture.

Annexe 3 (cf. p. 31)

Les dispositifs publics de transfert de connaissances

– 2004, le lancement des **Instituts Carnot** qui sont des centres de recherche publics qui nouent des partenariats avec les entreprises pour une part importante de leurs moyens. 34 instituts, regroupant 15 % des effectifs de la recherche publique, sont labellisés début 2013. Ils reçoivent ainsi des cofinancements ;
– 2006, la **loi de programme pour la recherche** donne la possibilité aux établissements publics, aux pôles et aux réseaux de recherche de confier à des entités de droit privé la gestion d'activités de valorisation ;

– 2010, les sociétés d'accélération du transfert de technologies (**SATT**) sont encouragées. Elles regroupent les unités existantes de valorisation d'un grand site universitaire pour mettre fin au morcellement des structures et créer de la valeur économique. 11 structures sont labellisées fin 2012.

– 2010, un fonds public de brevets, **France brevets,** est chargé de valoriser les droits de la propriété intellectuelle issus de la recherche publique. À titre de comparaison, dix ans plus tôt, l'Allemagne créait une agence centrale de commercialisation de brevets de 24 établissements universitaires ;

– 2013, le projet de loi relatif à l'enseignement supérieur et à la recherche inscrit dans la loi le transfert des résultats de la recherche vers le monde socio-économique comme mission de service public de l'enseignement supérieur et de la recherche.

Annexe 4 (cf. p. 49 et 54)

Les dispositifs publics de financement aux entreprises

• La **Banque publique d'investissement** (BPI), créée en 2013 et dotée d'une capacité d'intervention de 42 Mds afin de remédier aux difficultés de financement des PME et des entreprises innovantes dans les secteurs stratégiques d'avenir. Il s'agit d'une holding regroupant différentes entités existantes spécialisées dans les prêts, les garanties et l'investissement en fonds propres que sont Oséo, le FSI et la CDC (Caisse des dépôts et consignation) Entreprises. La BPI est un investisseur de long terme qui réunit, sous un guichet régional unique, les services des trois structures publiques de financement. Ce regroupement permettra de « faire circuler » les capitaux entre elles en tant que de besoin.

– **Oséo** est un établissement créé en 2005 reconnu comme une banque publique destinée aux PME qui propose à celles-ci des cofinancements à tous les stades de leur développement. Sa signature crée un effet de levier sur les financements privés.

– Le **Fonds stratégique d'investissement** (FSI) créé en 2008 fut doté de 20 Mds pour renforcer l'offre de financement en fonds propres des PME à fort potentiel. Il joue un rôle majeur dans le capital-investissement des entreprises de croissance (un tiers du marché du capital-développement et du capital-risque). Le FSI est un fonds d'investissement mixte public-privé. Son mandat est double *via* ses prises de participation minoritaires :

· soutenir la croissance des PME prometteuses par des apports de fonds avec un maximum de 15 %. L'État devient ainsi un investisseur direct de long terme dans le capital des entreprises ;

· sécuriser le capital d'entreprises stratégiques pour l'économie française par des prises de participation minoritaires. Hormis onze secteurs dans la défense et la sécurité publique soumis à autorisation préalable du Gouvernement, ou encore les médias et les télécoms où le seuil maximal de participation étrangère est fixé à 20 % (loi de 2007), les fonds étrangers ont un accès aisé au capital des entreprises françaises, y compris dans celles de l'énergie et des infrastructures.

• Le Pacte national pour la croissance, la compétitivité et l'emploi de la fin de 2012 :

– le **crédit d'impôt pour la compétitivité et l'emploi** (CICE) en est la mesure phare. Il correspond à l'allègement prévu du coût du travail de 20 Mds par an. Il opère comme un allègement de charges sociales avec un effet de trésorerie. Il s'agit d'un crédit d'impôt en proportion de la masse salariale brute de l'entreprise hors salaires supérieurs à 2,5 fois le Smic ;

– la création d'une Bourse des PME est prévue afin de faciliter l'accès des PME et des ETI aux marchés de capitaux soutenus par la mise en place d'un « PEA-PME » (plan d'épargne en actions pour les PME).

Les financements publics aux activités de recherche des entreprises

• Financements directs :

Les **grands programmes de recherche** représentent 5 % des dépenses de R&D des entreprises en 2010, contre le double en 1975. Cette baisse a entraîné un retrait des contrats militaires et civils.

• Financements indirects :

Ils s'effectuent en deux temps : *ex ante,* versés avant la recherche engagée, par des **crédits incitatifs (cofinancements suite à appels à projets de recherche** réguliers) et *ex post*, versés après la recherche engagée, par des incitations fiscales ou allègements fiscaux du côté des entreprises et moins-perçu fiscal du côté de l'État). Pour ces derniers, trois dispositifs ont été créés :

– le **crédit d'impôt recherche** (CIR) de 1993 fut impulsé en 2004 et 2008. Il s'agit du plus important dispositif fiscal mis en place pour les activités de recherche des entreprises ;

– le statut **Jeune entreprise innovante** (JEI) créé en 2004 donne droit à des allègements fiscaux et des exonérations sociales pour ses projets de recherche pendant la période difficile où l'entreprise doit faire face à de lourds investissements avant de commercialiser ses produits et d'accéder à la rentabilité ;

– le statut **Jeune entreprise universitaire** (JEU) créé en 2008 favorise la création d'entreprises par les étudiants ou personnels impliqués dans les travaux de recherche des établissements d'enseignement supérieur.

Annexe 5 (cf. p. 56)

Les dispositifs visant à lever les obstacles à la croissance

Alors que les sociétés américaines ou chinoises disposent d'un large marché, dans l'UE, il fallait, jusqu'en 2004, soit ouvrir une agence, soit créer une société, soit passer par un intermédiaire commercial pour s'implanter dans les autres États membres. La création d'une nouvelle forme de société, la Société privée européenne (**Societas privata europaea, SPE**) facilite l'établissement et le fonctionnement des entreprises dans le marché unique. Les frontières étant aussi d'ordres linguistique et culturel, un programme européen d'échanges, **Erasmus pour jeunes entrepreneurs,** est instauré en 2009 afin de concrétiser ce marché unique. En 2008, l'UE met en place le « Small Business Act » (**SBA**) européen, inspiré du SBA américain* de 1953, avec pour principe de « penser aux PME d'abord ». Il sera décliné en France par la loi de modernisation de l'économie (**LME**) de 2008, sous-titrée « Agir pour la croissance et l'emploi », en écho à l'intitulé de la stratégie Europe 2020. L'une des mesures les plus connues est celle du nouveau statut d'auto-entrepreneur.

Sur un plan plus offensif, afin d'accompagner les entreprises dans leurs démarches à l'exportation et de les aider à s'implanter dans les marchés étrangers, une agence pour leur développement international, **Ubifrance,** est créée en 2009. La mode, l'habitat, la santé, les infrastructures, les transports, les produits et les technologies agroalimentaires sont ses principaux champs d'action. Ils reflètent les forces commerciales des PME françaises. Elle est complétée depuis 2010 par l'« **association Pacte PME** » regroupant GE et PME, les premières s'engageant à nouer des partenariats avec les secondes pour leur faciliter l'accès aux marchés étrangers.

---

*Le Small Business Act (SBA) a créé une agence fédérale dédiée aux PME qui apporte des financements aux plus innovantes sous forme de subventions ou de fonds de capital-risque. Il a imposé des quotas sur les marchés publics étasuniens en faveur des PME auxquelles 23 % sont réservés. En outre, 25 % des crédits externalisés de R&D des organismes publics sont destinés aux PME. Ce qui représente chaque année 2 Mds $ dans 3 000 startups.

<u>Annexe 6 (cf. p. 61)</u>

Les pôles économiques et d'innovation

• 2004, les **pôles de compétitivité**. L'enjeu est de créer des dynamiques territoriales d'innovation qui tirent l'économie régionale et nationale vers des secteurs porteurs. Ces écosystèmes associent des entreprises, des centres de recherche, des établissements d'enseignement supérieur et de formation sur un territoire et un secteur à forte valeur ajoutée ou de haute technologie autour de projets de recherche collaboratifs. Ils bénéficient pour ce faire de cofinancements sur projets de recherche et d'un accompagnement des PME. Fin 2012, 71 pôles sont labellisés dont 7 mondiaux et 10 à vocation mondiale. Un pôle regroupe en moyenne 77 entreprises et 15 organismes de recherche, avec de fortes disparités.

• 2005, les **pôles d'excellence rurale (PER)**. Ils sont le pendant des pôles de compétitivité mais en milieu rural. L'enjeu est double : accroître la capacité économique des territoires ruraux et satisfaire les besoins de la population en matière de services au public *via* la coopération et le partenariat entre secteurs privé et public. Fin 2012, 528 pôles sont labellisés.

• 2009, les **grappes d'entreprises** (ou *clusters*) mises en place afin d'éviter une trop forte spécialisation territoriale de l'économie. Principalement constituées dans une logique de réseaux, elles regroupent des TPE et des PME d'une même filière qui peut être « traditionnelle ». Des services concrets sont apportés aux entreprises. Fin 2012, 126 grappes d'entreprises sont labellisées.

• 2011, les **instituts de recherche technologique (IRT)** et les **instituts d'excellence en matière d'énergies décarbonées (IEED)**. Ce sont des « superpôles de compétitivité » qui rassemblent l'industrie et la recherche afin de devenir des MIT (Massachusetts Institut of Technology) sur des filières technologiques stratégiques. Ces instituts thématiques sont implantés dans un périmètre géographique restreint. Une dotation budgétaire de 3 Mds est prévue pour les 8 IRT et les 9 IEED labellisés fin 2012.

Les pôles de recherche et d'enseignement supérieur

• 2006, la loi de programme pour la recherche crée différents instruments structurants :
– les **réseaux thématiques de recherche avancée (RTRA)**. Leur objet consiste à conduire des projets d'excellence scientifiques dans des thématiques à fort enjeu ;
– les **réseaux thématiques de recherche et de soins (RTRS)**, centrés sur des projets d'excellence scientifiques dans des thématiques médicales en lien étroit avec des développeurs ;
– les **pôles de recherche et d'enseignement supérieur (PRES)**, qui regroupent universités, grandes écoles, écoles d'ingénieurs et de commerce, organismes publics de recherche, centres privés de recherche et centres universitaires hospitaliers.

• 2011, le **programme d'investissements d'avenir (PIA)** crée deux autres dispositifs :
– les « **initiatives d'excellence** » dites « **Idex** ». Afin de rivaliser avec les meilleures universités du monde, ces structures sont dotées de 7,7 Mds qui visent à faire émerger de 5 à 10 PRES au rang international ;
– les « **laboratoires d'excellence** » dits « **Labex** ». L'enjeu consiste à augmenter l'excellence et l'originalité scientifique, le transfert des connaissances produites, afin d'accroître la lisibilité internationale de la recherche française.

• 2013, la **communauté d'universités et d'établissements**, la fusion d'établissements (possible depuis la loi LRU de 2007) ou le rattachement à un établissement **remplacent les PRES, les RTRA et les RTRS**. Le projet de loi ESR vise ainsi à simplifier l'organisation de l'enseignement supérieur et de la recherche devenue complexe en raison d'un empilement des structures et des dispositifs. La structure qui porte le regroupement conclut, sur la base d'un projet partagé, un contrat pluriannuel avec l'État en contrepartie de moyens en emplois et en crédits. Une trentaine d'ensembles est prévue.

Annexe 7 (cf. p. 65)

Les politiques nucléaire et spatiale européennes

1954 : création du Centre européen pour la recherche nucléaire (**CERN**) à Genève, avec pour vocation la physique fondamentale, la découverte des constituants et des lois de l'Univers. Le CERN est devenu l'un des plus grands et des plus prestigieux laboratoires scientifiques du monde.

1957 : création de la Communauté européenne de l'énergie atomique (CEEA ou **Euratom**), une agence de recherche qui coordonne les politiques des pays membres.

1973 : création du programme **Ariane** afin d'acquérir une indépendance technologique par rapport aux États-Unis, qui avaient proposé de lancer gratuitement les satellites européens, et de conquérir plus de la moitié du marché mondial du lancement de satellites.

1975 : création de l'**ESA,** à géométrie variable en fonction des projets mis en œuvre. Elle assure, entre autres, la direction du programme Ariane.

1999 : lancement du programme **Galileo*** visant à doter l'UE d'un système de positionnement et de radionavigation par satellite d'ici à 2014, pour acquérir une indépendance technologique par rapport au système américain GPS (Global Positioning System). À l'instar du programme Ariane, l'UE demeure toujours en situation de rattrapage par rapport aux États-Unis.

2007 : un accord-cadre dote l'UE d'une véritable politique spatiale (à la place de l'ESA) qui inclut Galileo et **GMES** (Global Monitoring for Environment and Security).

---

* Conçu pour un usage civil, Galileo (trente satellites) pourra être utilisé notamment pour les transports aériens, maritimes, terrestres et de la sécurité. Son usage sera gratuit pour les applications de base. Le financement prévu s'élevait à 3 Mds.

Les dates clefs de la politique de recherche et d'innovation de l'UE

1974 : création de la Fondation européenne de la science (**ESF** en anglais) sous l'impulsion du CNRS et de la société Max-Planck (l'équivalent allemand du CNRS) qui regroupe 67 organisations scientifiques de 29 pays européens et a pour mission de coordonner certains projets européens.

1983 : instauration d'un programme-cadre pluriannuel pour la recherche et le développement (**PCRD**).

1985 : une initiative intergouvernementale franco-allemande, **Eureka**, vise à promouvoir l'innovation européenne auprès des marchés internationaux en labellisant des projets collaboratifs technologiques ouvrant des perspectives commerciales.

2000 : projet d'un espace européen de la recherche (**EER**) visant à coordonner les politiques et les activités de recherche nationales et à renforcer la politique européenne de recherche.

2006 : création du programme-cadre pour la compétitivité et l'innovation.

2007 : création du Conseil européen de la recherche (**CER**), une agence européenne de financement de la recherche de haut risque avec des gains potentiels élevés.

2008 : création d'une nouvelle forme intergouvernementale, la **programmation conjointe** des activités de recherche qui consiste, au niveau européen, à mettre en œuvre de vastes programmes de recherche.

2009 : création de l'Institut européen d'innovation et de technologie (**IEIT**) en vue de concurrencer le Massachusetts Institute of Technology (MIT) mais sous la forme d'un réseau.

Table des encadrés et des illustrations

Index des sigles principaux

AERES	Agence d'évaluation de la recherche et de l'enseignement supérieur
ANI	accord national interprofessionnel
ANR	Agence nationale de la recherche
BPI	Banque publique d'investissement
CICE	crédit d'impôt pour la compétitivité et l'emploi
CIF	congé individuel de formation
CIR	crédit d'impôt recherche
CEA	Commissariat à l'énergie atomique et aux énergies alternatives
CERN	Conseil européen pour la recherche nucléaire
CNRS	Centre national de la recherche scientifique
DIF	droit individuel à la formation
DIIE	délégation interministérielle à l'intelligence économique
DIRD	dépenses intérieures de recherche et développement
DPI	droits de la propriété intellectuelle
EEES	espace européen de l'enseignement supérieur
EER	espace européen de la recherche
ENR	énergies renouvelables
ESA	Agence spatiale européenne
ETI	entreprise de taille intermédiaire
FBCF	formation brute de capital fixe
FTN	firmes transnationales
GE	grande entreprise
IE	intelligence économique
ITER	International Thermonuclear Experimental Reactor
LHC	Large hadron collider
LRU	loi relative aux libertés et responsabilités des universités
OCDE	Organisation de coopération et de développement économiques
PCI	programme-cadre pour la compétitivité et l'innovation
PCRDT	programme-cadre pour la recherche et le développement technologique
PI	propriété intellectuelle
PIA	programme d'investissements d'avenir

PIB	produit intérieur brut
PISA	programme international pour le suivi des acquis des élèves
PME	petite et moyenne entreprise
PRES	pôle de recherche et d'enseignement supérieur
R&D	recherche et développement
SBIR	Small Business Innovation Research
SNRI	Stratégie nationale de recherche et d'innovation
SPE	Societas privata europaea
THD	très haut débit
TIC	technologies de l'information et de la communication
TICE	TIC pour l'enseignement
UE	Union européenne
VAE	validation des acquis de l'expérience

La France
aux éditions L'Harmattan

Dernières parutions

CRUES ET ÉTIAGES EN FRANCE AU XXe SIÈCLE
Entre nature et aménagements
Giret Alain
Crues, étiages, hautes et basses eaux sont des événements statistiques calculés à partir des chroniques hydrologiques. Or leurs variations interannuelles devraient relever de la répartition temporelle et spatiale des précipitations. Sur la quasi-totalité du XXe siècle, une méthode d'investigation a révélé qu'en France la fréquence et l'amplitude des crues et des étiages étaient dominées par l'impact des aménagements hydrauliques. D'autres interventions humaines sont également à retenir.
(29.00 euros, 282 p.)
ISBN : 978-2-343-00153-1, ISBN EBOOK : 978-2-296-51721-9

AUTOUR DE JEAN MOULIN
Témoignages et documents inédits rassemblés par François Berriot
Voici bientôt 70 ans, le 21 juin 1943, Jean Moulin, après avoir fondé le Conseil National de la Résistance, tombait aux mains de la Gestapo. À l'occasion de cet anniversaire, ont été réunis dans ce livre les témoignages inédits d'une cinquantaine de femmes et d'hommes qui ont connu Jean Moulin dans sa vie privée, dans sa carrière administrative, et surtout dans son action d'unificateur de la Résistance intérieure, depuis le Général de Gaulle jusqu'à ceux qui furent ses compagnons de la clandestinité.
(Coll. Chemins de la Mémoire, série XXe siècle, 48.00 euros, 580 p.)
ISBN : 978-2-336-29038-6, ISBN EBOOK : 978-2-296-53028-7

AUTEUIL ET PASSY
Du Moyen-Age à la Révolution
Demory Hubert
Enfin, Hubert Demory, historien du XVIe arrondissement, nous livre les prémices de l'histoire de nos villages. Après *Auteuil et Passy : de la Révolution à l'Annexion (1789-1860)* et *Auteuil et Passy : de l'Annexion à la Grande Guerre (1860-1914)*, il clôt ici son triptyque par ce livre qui est, en fait, le premier de la série. Partant des bords de la Seine et du Grand Égout, il dessine les seigneuries, raconte les fiefs, l'importance des vignes et des sources, sans oublier les grandes demeures.
(Coll. Histoire de Paris, 22.00 euros, 228 p.)
ISBN : 978-2-343-00091-6, ISBN EBOOK : 978-2-296-51570-3

TRÉSOR (LE) PILLÉ DU ROI (T1)
Correspondance du Cardinal de Richelieu – Année 1634
Vignal Souleyreau Marie-Catherine
L'année 1634 est celle d'un calme relatif avant la tempête, l'engagement de la France dans la guerre de Trente Ans. Richelieu, pourtant, ne ménage pas ses efforts pour éviter le pire. Au coeur des préoccupations du Cardinal demeure la succession au trône. Une éphémère connivence avec le Roi s'établit, renforcée par un constat alarmant : l'amenuisement des richesses monétaires du royaume. Au-delà d'une correspondance inédite, voici une vision totalement renouvelée d'un gouvernement que l'on croyait devenu familier.
(Coll. Chemins de la Mémoire, 57.00 euros, 680 p.)
ISBN : 978-2-343-00052-7, ISBN EBOOK : 978-2-296-51593-2

TRÉSOR (LE) PILLÉ DU ROI (T2)
Correspondance du Cardinal de Richelieu – Année 1634
Vignal Souleyreau Marie-Catherine
Ce volume s'ouvre sur la reddition de La Mothe, en Lorraine, et sur la bataille de Nördlingen. Chez Richelieu, le pragmatisme l'emporte : les réformes se poursuivent avec les Grands Jours de Poitiers. Le procès d'Urbain Grandier défraie la chronique. L'absolutisme s'affirme aussi dans la hiérarchisation des responsabilités, dans un ministériat original, où l'action d'administrateurs dévoués se substitue aux luttes d'influence. Là n'est pas la moindre des réussites du cardinal-ministre.
(Coll. Chemins de la Mémoire, 50.00 euros, 450 p.)
ISBN : 978-2-336-29034-8, ISBN EBOOK : 978-2-296-51594-9

«BULLETIN DES LOIS» DU RÈGNE DE LOUIS XVI
Contribution à un recensement des lois imprimées entre mai 1774 et juin 1789
Roquincourt Thierry
Voici une contribution à un recensement des actes imprimés officiels du pouvoir souverain entre mai 1774 et juin 1789. Il s'agit essentiellement des actes royaux : arrêts du Conseil d'État du roi ; édits, lettres patentes, ordonnances, déclarations, instructions, règlements, décisions et lettres du roi ; conventions et traités. C'est toute «l'histoire officielle» qui resurgit, mais, au-delà, c'est toute la vie quotidienne à l'époque de Louis XVI qui est révélée.
(SPM, Coll. Kronos, 50.00 euros, 634 p.)
ISBN : 978-2-917232-05-7, ISBN EBOOK : 978-2-296-51661-8

POLICE ET GENDARMERIE DANS L'EMPIRE NAPOLÉONIEN
Sous la direction de Jacques-Olivier Boudon
Ces travaux de recherche sur la police et la gendarmerie conduisent à une réflexion plus large qui montre combien la période impériale est héritière d'une tradition d'Ancien Régime, même si elle innove aussi sur bien des points. L'ensemble des études proposées illustrent le rôle qu'ont joué police et gendarmerie dans la lutte contre l'insécurité, mais aussi dans l'instauration d'un ordre napoléonien à travers l'Europe.
(SPM, Coll. Institut Napoléon, 22.00 euros, 242 p.)
ISBN : 978-2-901952-99-2, ISBN EBOOK : 978-2-296-51683-0

CAMPAGNE DE L'ARMÉE IMPÉRIALE DU PAYS BASQUE À TOULOUSE (1813-1814)
Lorblanchès Jean-Claude
Contraints d'abandonner l'Espagne après le désastre de Vittoria, en 1813, les Français vont tenter de s'opposer à l'invasion du territoire national par les armées anglaises, espagnoles et portugaises réunies sous les ordres de Wellington. Ils mèneront jusqu'à Toulouse, sous le commandement du maréchal Soult, une retraite exemplaire, ne déposant les armes que deux semaines après que l'abdication de Napoléon, le 6 avril 1814, eut mis fin à la guerre.
(14.00 euros, 136 p.)
        ISBN : 978-2-343-00112-8, ISBN EBOOK : 978-2-296-51648-9

TEMPÊTES ET ÉLÉVATION MARINE
Sur les plages françaises de Méditerranée
Brunel Cédric
Quels sont les effets du changement climatique sur l'évolution des plages de Provence, de Camargue et du Languedoc-Roussillon ? L'analyse des conséquences de la montée de la mer et des tempêtes se base sur un suivi topographique et bathymétrique et sur une analyse par emboîtement d'échelles spatiales et temporelles. L'approche croisée de terrain et de modélisation informatique permet d'adopter une approche prospective nécessaire à la gestion de ce type de milieu.
(Coll. Milieux naturels et sociétés - Approches géographiques, 30.00 euros, 290 p.)   *ISBN : 978-2-296-99817-9, ISBN EBOOK : 978-2-296-51365-5*

IDENTITÉ (L') BERRICHONNE EN QUESTION(S)
De l'Histoire aux histoires
Riou Yolande
Le Berry, territoire souvent méconnu, parfois méprisé et moqué, parfois revendiqué et affirmé, le Berry n'existe plus. Autrefois province du royaume de France, il est aujourd'hui plus ou moins morcelé en deux départements, l'Indre et le Cher. Pourtant, il existe bien une identité berrichonne, un rapport particulier des habitants à leur territoire. De la grande Histoire aux histoires des individus, l'identité berrichonne se fait et se défait.
(Coll. Logiques sociales, 17.00 euros, 178 p.)
        ISBN : 978-2-336-00594-2, ISBN EBOOK : 978-2-296-51309-9

CATHÉDRALE (LA) NOTRE-DAME DE GRENOBLE
Moreau Gilles-Marie - Préface de l'abbé Patrick Royet, ancien recteur de la cathédrale. Postface de Mgr Guy de Kerimel, évêque de Grenoble et Vienne
Grenoble a la chance de posséder un groupe cathédral presque complet. L'existence jusqu'à nos jours et en un même lieu d'une cathédrale entourée du palais épiscopal, du baptistère, de l'église paroissiale et du cloître. Ce livre fait revivre les personnages connus ou inconnus, princes et manants, prélats et grandes dames, saints et pécheurs qui, à travers les âges, les grands événements et les anecdotes, ont donné son âme à cette cathédrale.
(Coll. Religions et Spiritualité, 37.00 euros, 360 p.)
        ISBN : 978-2-336-00250-7, ISBN EBOOK : 978-2-296-51234-4

TENTATION (LA) DE L'ADOUR
Économie prospective
Moreau Max
Le fort sentiment identitaire des Béarnais et des Bigourdans semble une évidence tant l'ancrage, l'harmonie, la complémentarité géographique et culturelle paraissent flagrants. Deux moitiés symétriques d'un tout : l'Adour. Cet opuscule est né d'une triple préoccupation prospective, Vision Adour 2030 : améliorer l'efficacité de l'économie de l'Adour, contribuer à l'effort de progrès et de rénovation territoriale, ouvrir des espaces de dialogue.
(9.00 euros, 62 p.)
ISBN : 978-2-336-00260-6, ISBN EBOOK : 978-2-296-51510-9

POLYPHONIE (LA) DANS LES PYRÉNÉES GASCONNES
Tradition, évolution, résilience
Castéret Jean-Jacques
Dans les Pyrénées gasconnes, la polyphonie s'impose à tous, des messes dominicales jusqu'aux fêtes patronales. Elle est, pourtant, longtemps restée dans l'angle mort de la recherche ethnomusicologique comme de l'action culturelle. Au terme de quinze ans de recherche, cet ouvrage invite à découvrir une pratique sociale qui, loin de représenter un « loisir revivaliste », dessine un terrain à la fois très classique et post-moderne.
(Coll. Anthropologie et musiques, 37.50 euros, 374 p.)
ISBN : 978-2-336-00821-9, ISBN EBOOK : 978-2-296-51223-8

TERRE PROMISE
Foucher David
En Gironde, un groupe de citoyens achète un terrain agricole et installe en fermage Julien Bonnet, jeune maraîcher en agriculture biologique. Aidé par les propriétaires de la ferme, le jeune paysan découvre la gestion quotidienne d'une exploitation. Son travail s'organise autour de la production et la récolte des premiers légumes et la création d'une association pour le maintien d'une agriculture paysanne. L'aventure individuelle et collective de cette première année d'installation...
(20.00 euros)   *ISBN : 978-2-336-00755-7*

BELFORT ET SON TERRITOIRE DANS L'IMAGINAIRE
RÉPUBLICAIN
Marchal Sidonie
Préface de Jean-Pierre Chevènement
En 1922, suite à la défaite militaire de 1871, Belfort et les 106 communes avoisinantes deviennent le 90e département français. Les auteurs observent l'émergence du mythe belfortain dans l'imaginaire républicain, autour de trois thèmes : les mutations de la ville et de son territoire, l'émergence de la figure de Belfort dans l'imaginaire français et allemand, et l'enracinement patriotique de ce territoire autour de personnalités politiques et militaires.
(Coll. Histoire, Textes, Sociétés, 25.00 euros, 242 p.)
ISBN : 978-2-296-99809-4, ISBN EBOOK : 978-2-296-51406-5

549749 - Décembre 2013
Achevé d'imprimer par